REINVENTANDO A SI MESMO **LUIZ CALAINHO**

UMA PROVOCAÇÃO AUTOBIOGRÁFICA

REINVENTANDO A SI MESMO **LUIZ CALAINHO**
UMA PROVOCAÇÃO AUTOBIOGRÁFICA

AGIR

Copyright © 2013 by Luiz Calainho

Direitos de edição da obra em língua portuguesa no Brasil adquiridos pela Agir, selo da EDITORA NOVA FRONTEIRA PARTICIPAÇÕES S.A. Todos os direitos reservados. Nenhuma parte desta obra pode ser apropriada e estocada em sistema de banco de dados ou processo similar, em qualquer forma ou meio, seja eletrônico, de fotocópia, gravação etc., sem a permissão do detentor do copirraite.

EDITORA NOVA FRONTEIRA PARTICIPAÇÕES S.A.

Rua Nova Jerusalém, 345 - Bonsucesso - CEP 21042-235

Rio de Janeiro - RJ - Brasil

Tel.: (21) 3882-8200 - Fax: (21) 3882-8212/8313

CIP-BRASIL. CATALOGAÇÃO NA PUBLICAÇÃO
SINDICATO NACIONAL DOS EDITORES DE LIVROS, RJ

C143r

Calainho, Luiz
Reinventando a si mesmo : uma provocação autobiográfica / Luiz Calainho. - 1.
ed. - Rio de Janeiro : Agir, 2013.

ISBN 978-85-2201-332-6

1. Calainho, Luiz. 2. Empresários - Brasil - Biografia. 3. Empresários artísticos Brasil
- Biografia. I. Título.
13-00116
CDD: 797.8016
CDU: 929:78.07

12/04/2013 15/04/2013

SUMÁRIO

1. VERDADE 9
2. RISCO 23
3. SURPREENDER 39
4. SINCRONICIDADE 53
5. INQUIETUDE 71
6. ORGULHO 87
7. INTUIÇÃO 107
8. CURIOSIDADE 117
9. VONTADE 133
10. ACREDITAR 151
11. NEGÓCIOS MULTIPLATAFORMA L21 183
12. ENCONTROS 187

VERDADE

VERDADE

CAPÍTULO**1**

1. VERDADE

verdade (ver.*da*.de) *sf.* **1** Aquilo que condiz com a realidade dos fatos; verdadeiro. **2** Atitude honesta, sincera; sinceridade. [Antôn.: *falsidade*.] **3** Princípio científico, religioso, moral etc. em que se fundamentam crenças e/ou atitudes.
[Do lat. *veritas, atis*.]

Dicionário da Língua Portuguesa Evanildo Bechara

verdade *sf.* **1.** propriedade de estar conforme os fatos ou a realidade **1.1.** a fidelidade de uma representação em relação ao modelo ou original **3.** *p. ext.* qualquer ideia, princípio ou julgamento aceito como autêntico; axioma **4.** procedimento sincero, pureza de intenções **5.** FIL correspondência, adequação ou harmonia possível de ser estabelecida, por meio de um discurso ou pensamento, entre a subjetividade cognitiva do intelecto humano e os fatos, eventos e seres da realidade objetiva.

Dicionário Houaiss da Língua Portuguesa

verdade. [do lat. *veritae*] **6.** Caráter, cunho: *A verdade de suas emoções não transparecia.* **Verdade de fato.** *Filos.* Verdade que é contingente e cujo oposto é impossível. **Verdade de razão.** *Filos.* Verdade necessária e cujo oposto é impossível.

Dicionário Aurélio da Língua Portuguesa

Por que um cara com um salário de US$70 mil por mês — e bônus anual de US$150 mil — pede demissão? Antes de responder a pergunta, vou contar uma coisa: sou guiado por palavras. Gosto de palavras, do significado delas, de desdobrá-las, de conhecê-las. Vontade, firmeza, inquietude, risco, otimismo, acreditar, surpreender, perguntar, inspirar, empreender, detalhe, sincronicidade, curiosidade, compromisso, vibração, percepção, intuição, verdade... Essas são algumas das palavras do "meu dicionário".

"Verdade", por exemplo, é uma grande palavra: "Aquilo que condiz com a realidade dos fatos; verdadeiro." As pessoas se distanciam da própria verdade em nome da zona de conforto, por não se perguntarem, por não terem coragem de se provocar. Acreditar na própria verdade, ter a verdade como norte é o que faz a diferença entre as pessoas.

Um vencedor passa necessariamente pela verdade. Não passa necessariamente pelo dinheiro. Sempre tive vontade de ganhar dinheiro, claro. Não estou dizendo que não gosto de dinheiro. Gosto. Mas nunca trabalhei por dinheiro. Trabalho porque acredito. E o dinheiro é uma consequência bem-vinda. Muito bem-vinda. Quem coloca o dinheiro na frente é infeliz. Fato. A questão é que o mundo está às avessas. Ter é a premissa, e não o resultado. Dinheiro virou fim: "O que eu faço para ganhar dinheiro?" Pergunta errada. Está errada a ordem dos fatores. Que nesse caso alteram, sim, o produto. A conta não vai fechar. Eu abri mão de um salário mensal de US$70 mil + bônus por isso, para seguir a minha verdade.

Corre o ano de 1997, tenho 30 anos de idade e estou sentado em uma das cadeiras mais importantes da Sony Music Entertainment. A indústria da música fatura no Brasil mais do que nunca e embolsa mais de US$1 bilhão.

A Sony tem no seu *cast* o *crème de la crème*, um time de cerca de 35 artistas nacionais que vende, vende muito: Roberto Carlos, Zezé di Camargo e Luciano, Skank, Jota Quest, Daniela Mercury, Planet Hemp, Marcelo D2, Djavan, Martinho da Vila, Cidade Negra... Uma lista estrelada, diversa e longa. Sem contar os internacionais: Michael Jackson, Celine Dion, Mariah Carey, Bob Dylan, Fatboy Slim, Shakira... Minha rotina é algo como tomar um café na casa do Roberto Carlos (foi um privilégio trabalhar com ele!) para falarmos do seu novo lançamento e à noite viajar para assistir ao show da Shakira em Miami para, na sequência, conversar com ela sobre seu álbum no Brasil. O dia a dia em uma gravadora é (ou era) excepcionalmente acelerado. E eu, por natureza, sou excepcionalmente acelerado. Estava "em casa".

> Trabalho, para mim, está longe do tom pejorativo que tem para a maioria esmagadora das pessoas. Amo meu trabalho.

Durante o dia, reuniões com os artistas, os empresários dos artistas, os empresários das casas de espetáculo, os diretores de compra dos grandes varejistas, os diretores de TV, rádio, jornais e revistas, as agências de propaganda... Um universo de contatos infinito. Ou trabalha-se muito, ou trabalha-se muito: 12 a 14 horas diárias. E, à noite, shows, eventos, lançamentos de discos... Adoro esse frenesi. Trabalho, para mim, está longe do tom pejorativo que tem para a maioria esmagadora das pessoas. *Amo* meu trabalho. Durmo uma da manhã e acordo às sete para uma reunião. Numa boa. Numa ótima.

Só que mesmo envolto no sucesso e no prazer começo a ficar inquieto, a me remexer na cadeira. Há uma revolução em curso no mundo da música. E estou atento a ela, fascinado por ela, curioso, percebendo, intuindo... A revolução se dá em duas frentes. Por um lado, a pirataria física de CDs começa a incomodar a indústria fonográfica e a impactá--la dramaticamente. Eu vislumbro um cenário que me causa profunda preocupação. Juntamente com executivos de outras gravadoras, chego a ter um encontro com o presidente Fernando Henrique Cardoso no Palácio do Planalto para abordar a questão da pirataria. O governo, vale ressaltar, está de portas abertas para discutir o tema. Afinal, a pirataria atinge a nossa produção cultural.

Na outra ponta surge o modelo de produto digital, o modelo de *download*, o modelo de venda pela internet. A internet começa a acontecer no Brasil. O site da UOL acabara de ser lançado. Eu estava muito atento à dinâmica daquele negócio tão novo. Afinal estou inserido em uma indústria que depende do suporte físico, e, ao mesmo tempo, esse suporte físico tem um modelo de pirataria muito simples. No meu entender, a pirataria caminhava para níveis incontroláveis. Isso já havia acontecido na indústria fonográfica quando a fita K7 acabou por conta de pirataria.

Chega o final de 1996 e embarco para Toronto, no Canadá, para uma convenção internacional (das muitas que fui) de marketing e vendas. Os japoneses apresentam uma caneta, literalmente uma caneta... Mostram aquilo para uma plateia boquiaberta e dizem: "Aqui dentro estão quatro músicas." Hoje isso soa idiota, banal, corriqueiro. Mas, na época, música, para ser transportada, precisava essencialmente do suporte físico: CD, LP, K7. E para ser ouvida, isso soa pré-histórico também, necessitava de um formato mecânico. No caso do LP, uma agulha encostada nos sulcos para fazer a leitura via rotação do disco. No caso do K7, igual, um formato mecânico em que o cabeçote lia a fita na medida em que ela passava por ele. Mesmo o CD, um feixe de luz para ler. Enfim... Pela primeira vez, vejo algo *que não tem nada de mecânico*. Um arquivo, uma completa e absoluta quebra de paradigma. Quando olho aquilo, piro: "Está aí a reinvenção da roda."

Existe agora um modelo que elimina a pirataria física e a indústria fonográfica começa a gerar o hábito do consumo via formatos digitais. Assim, reinventa-se o *business* da música. É isso. O trem, porém, não segue o trilho óbvio. A indústria fonográfica resolve não se perguntar qual é o produto que realmente vende. Não vendíamos LPs, CDs, DVDs ou qualquer suporte físico. Vendíamos música, certo? Elementar. Não naquele momento.

As gravadoras, em vez de se associarem para construir o hábito do comércio virtual de música no nascedouro da internet, se uniram numa cruzada contra o modelo digital. Esse é, sem dúvida, o marco zero do declínio dessa indústria. Um exemplo do que não fazer.

Um episódio emblemático na guerra santa das gravadoras aconteceu no final da década de 1990: a Record Industry Association of America (RIAA) decide processar o Napster, o primeiro programa de compartilhamento de arquivos. Acusa o Napster de promover a pirataria e possibilitar a troca de arquivos de áudio protegidos por direito autoral. Resultado: o serviço sai do ar, depois de uma batalha judicial pública, que dividiu a classe artística mundial. Na sequência, surgem Kazaa, eDonkey, Morpheus, Audiogalaxy...

Nesse momento, honestamente, eu decido: a indústria da música não é mais o meu lugar, não faz parte da minha filosofia, da minha cabeça, do meu entendimento. Para mim, fica claro: essa indústria não suportará o impacto da pirataria física e digital. E os donos do poder não querem reconhecer o novo modelo e abocanhar o bolo. O novo bolo, fresquinho. Começo a pesquisar, me inteirar, ler tudo sobre mercado digital, novas mídias. Considero esse um momento crucial na minha carreira como executivo. Tenho um *insight* duplo. Número um: "A indústria fonográfica está ameaçada, não quer se reinventar, nem percebeu que precisa visceralmente se reinventar, portanto ela já não me serve." Número dois: "Existe um mercado gigantesco nascendo. Com todo o conhecimento que tenho, posso construir um negócio de entretenimento, de mídia, de música, com uma visão mais abrangente, com uma visão efetiva de reinvenção." Continuo na Sony, cumprindo a minha função com objetividade e entrega, mas começo a ensaiar a minha própria reinvenção.

Em meados de julho de 1999, dou a largada na estruturação do modelo de negócio que pretendo ter. A minha primeira pergunta: "Qual é a filosofia desse negócio?" E a segunda: "Pretendo ter um negócio único ou parto para um formato multiplataforma?" Perguntar, perguntar, perguntar. Sempre. Consultando a minha verdade, olhando para dentro de mim, percebo que quero atuar em três segmentos: mídia, entretenimento e conteúdo. Por que mídia? Ter veículos de comunicação nas mãos faz com que você tenha o poder de cacarejar, de contar para o outro o que está acontecendo. Por que eventos presenciais, entretenimento? Minha verdade é essa. E por que produção de conteúdo? A internet está nascendo, ora bolas.

Bom, legal: decido por uma *holding* que se desdobraria em três braços, e crio juridicamente a L21 Participações. Para quem quer empreender, um ponto fundamental é *foco*. Foco amplia, expande, multiplica. Para um lado e para o outro, se é que você me entende. Vamos falar da importância do foco mais tarde. E, claro, uma baita disposição.

Ao contrário do mundo corporativo e do mundo executivo, no mundo empresarial você investe sem qualquer garantia de que vai ter retorno a curto, médio ou longo prazo. Óbvio, os riscos são calculados. Mas mesmo assim, não existe garantia, não existe contracheque no final do mês. Você chama a responsabilidade para si. Aliás, "responsabilidade" é outra palavra de poder: "Qualidade ou condição de responsável. Situação de um agente consciente em relação aos atos que ele pratica voluntariamente."

Abro aqui um parêntese para falar de sociedade. Acredito em sócios. Acredito em parcerias. A *holding* L21 Participações foi pensada para se associar a muitos, muitos sócios. Entendo que a sociedade, se bem-conduzida, pode redundar em um caldo muito mais substancioso, muito mais saboroso. Associar-se com outras pessoas faz o negócio crescer. E te alimenta. Conexão, sincronicidade, unidade. A teia da vida do físico Fritjof Capra. As pessoas precisam

> Não estou dizendo que uma sociedade tem que ser formada por iguais. O conceito de sociedade é intimamente ligado ao conceito de complementaridade. Como união entre pessoas: tem que rolar química.

entender que vivemos numa teia. Conectados. Seres humanos, animais, vegetais, minerais. Os quatro elementos: água, ar, terra e fogo. E tudo é absolutamente interligado. Assim também percebo o meu modelo empresarial. Um modelo societário, em que as pessoas se somam e se complementam. A capacidade de eleger sócios, claro, é fundamental. É preciso escolher gente com ideias afins. Com também "vibes" afins. Espaço para nossa intuição. Sempre. A palavra "sócio", aliás, adoro: é o companheiro, o cúmplice, o parceiro. É aquele que se associa com outro a fim de obter resultados. Acima do mundo empresarial, acima dos negócios, acima de todas as questões objetivas, eu sempre tive afinidade com pessoas. Isso tem a ver com percepção, com intuição, com acreditar na teia. Na escolha de um sócio, não se deve levar em consideração apenas o plano do negócio. Deve-se perguntar para si próprio: "O perfil dessa pessoa tem a ver comigo?" "Ela tem a clareza de pensamento que eu tenho?" Não estou dizendo que uma sociedade tem que ser formada por iguais. O conceito de sociedade é intimamente ligado ao conceito de complementaridade. Como união entre pessoas: tem que rolar química. Tem que transcender o pragmatismo. Não existem cursos, pós-graduações ou MBAs para aprendermos a encontrar os sócios certos. É um exercício. No fim das contas, um sócio precisa ser basicamente uma fonte inspiradora. E é importante ter em mente que uma sociedade, por mais que funcione, não é indestrutível. Não se pode ter a pretensão de que seja para sempre. Numa relação societária vale a regra da vida: saber o momento certo de sair de cena. Ou mergulhar ainda mais profundo dentro dela.

> Numa relação societária vale a regra da vida: saber o momento certo de sair de cena. Ou mergulhar ainda mais profundo dentro dela.

Com a L21 Participações no papel, sigo como um executivo com alta remuneração. Continuo vice-presidente da Sony. Aliás, sigo presidente interino. Em meio ao meu processo de preparação para deixar a companhia, o presidente, Roberto Augusto, um cara fundamental na minha carreira, executiva e empresarial (dissertarei mais adiante sobre ele), sofre um assalto na Lagoa, Zona Sul do Rio, e leva cinco tiros. Um momento forte, difícil e crucial. Minha cabeça já estava totalmente fora da empresa. Mas, naquela situação trágica, eu preciso fazer valer o voto de confiança que depositaram em mim. E assumo a responsabilidade. Mais uma vez a palavra responsabilidade. Passo a ter, então, uma visão global da companhia, penetrar fundo em todas as áreas, inclusive a financeira.

Com a volta do Roberto para o cargo, oito ou nove meses depois, retomo meu projeto, ciente, mais do que nunca, da crise aguda que se debruça sobre a indústria fonográfica e da oportunidade que se abre no mercado brasileiro. A virada de um executivo para empresário exige, como já comentei, a noção exata dos riscos. Sempre adorei a zona de desconforto. Nunca corri atrás de conforto. E, nesse caso, tudo me dizia: "Vai dar certo." Otimismo, aliás, é minha premissa. *Sempre.* Mas sem loucura, claro. Na Sony, brincavam: "Se o Calainho ganhar um saco de bosta (verde tom capim) vai vibrar e dizer: 'Oba, quando chega o cavalo?'"

Eis que toca o celular. Do outro lado, Tutinha Carvalho, o sócio-executivo todo-poderoso do rádio brasileiro e o homem que inventou o *Pânico* (no rádio e na TV). Aos 20 anos, montou a Jovem Pan FM e tratou de fazer dela uma gigante da FM, com cerca de cinquenta afiliadas. É sucessor natural do pai, Antônio Augusto Amaral de Carvalho, o Tuta, presidente do grupo Jovem Pan, que engloba outras setenta emissoras AM. Já nos conhecíamos de longa data. Ressalto: não acredito em coincidências. Acredito em sincronia. "Sincronicidade", outra palavra importante do meu dicionário.

Tutinha marca uma conversa e coloca a proposta na mesa: "Calainho, vamos botar de pé um portal de conteúdo jovem na internet, cultura pop pura?" A partir desse encontro, outros tantos vieram, para amadurecer a ideia. Eu precisava pensar se internet era de fato o primeiro negócio em que eu investiria após a minha iminente saída da gravadora. Ao mesmo tempo — de novo aí a sincronia — sou alçado à vice-presidência de novas mídias da Sony Music para toda a América Latina. Significa dizer que passo a fazer viagens pelo mundo para entender os formatos digitais. A gravadora não queria apostar as fichas nesse ambiente, mas entendia que tinha que olhar o que estava acontecendo. Por isso cria a nova divisão. Isso era esquizofrênico, paradoxal. O fato, porém, é que eu mergulho de cabeça e adquiro uma bagagem fundamental.

Enquanto isso, nos encontros com o Tutinha, uma das pessoas mais criativas que tive e tenho o privilégio de conhecer, o papo avança, as ideias fluem... e começo a me apaixonar: um portal de internet, focado em cultura pop, tendo como sócio o maior empresário do segmento jovem do país. O nosso encontro faz muito sentido para mim. O negócio que queremos montar também faz muito sentido. Até que um dia, eu, em Miami, numa convenção da Sony justamente para discutir novas mídias, fico sabendo da última grande notícia do mundo virtual. E essa notícia define o meu rumo (sincronicidade de novo?). Em janeiro de 2000, a America Online (AOL), o provedor de internet (na época um gigante do segmento digital), uma empresa de apenas oito anos de mercado, compra a Time Warner, o maior conglomerado de entretenimento mundial, concorrente, não por acaso, da Sony Music Entertainment. A fusão é emblemática, um sinal dos tempos.

Eu, então, ligo imediatamente para o Tutinha: "Tô dentro. Vamos nessa." Quando você acredita numa história e o cenário em volta faz sentido, vai fundo, mergulha, parte com tudo para a zona de desconforto. Digo isso para todos que querem empreender. É muito importante você ter percepção do que está acontecendo e, ao mesmo tempo, acreditar na intuição que você tem. Eu entendi claramente que aquele era o momento perfeito para sair da companhia onde eu estava havia quase uma década. Em março de 2000, comunico que estou deixando o meu cargo. Pago uma multa contratual de US$100 mil. E parto.

Em abril, já estou morando em São Paulo, sócio do Tutinha, e estamos nos preparando para lançar o primeiro portal de cultura jovem do país, que entraria no ar em abril de 2001. Um momento de muita tensão e muito trabalho. Ou melhor, de atenção. No mês anterior, eu era um executivo com um contracheque de US$70 mil + bônus. Agora, sou um aprendiz de empresário morando em um hotel numa cidade que não é minha. Decido logo de cara comprar minha casa. Não acredito em mudanças pela metade. Claro, eu possuía o que chamamos no linguajar empresarial de *"burning rate"*. Ou seja, dinheiro para queimar. Sem dúvida muito importante para um empreendedor: lastro financeiro.

> Sempre vai ser mais confortável não assumir a responsabilidade. Mas tudo o que acontece conosco é fruto do nosso próprio reflexo. Reflexo das nossas atitudes. Das nossas verdades, sejam elas quais forem. A energia que você joga para o mundo é exatamente aquela que você receberá em troca.

Além da questão grana, há outro foco de atenção pairando. Opa, tudo agora depende de mim. As pessoas têm a tendência de achar que o mundo acontece externamente, têm a tendência de jogar a responsabilidade para o outro. Para o mundo. Quando alguém se torna um empresário, sua vida passa a depender essencialmente de você, tudo vai depender tão somente das suas próprias atitudes e decisões. Muito diferente da posição do executivo. Gerando resultados, ou não, a empresa vai depositar seu salário pelo menos a curto prazo. Traço aqui um paralelo com o lado espiritual e pessoal. Sempre vai ser mais confortável não assumir a responsabilidade. Mas tudo o que acontece conosco é fruto do nosso próprio reflexo. Reflexo das nossas atitudes. Das nossas verdades, sejam elas quais forem. A energia que você joga para o mundo é exatamente aquela que você receberá em troca.

E chamar a responsabilidade para si faz toda a diferença. O mundo de cada um de nós nasce dentro da gente. Ponto.

De certa forma, eu diria que nasci empreendedor, nasci chamando a responsabilidade para mim. Nunca fiz o que me pediam, mas além do que me pediam, até na escola. Nesse momento de atenção, porém, a responsabilidade tem um efeito tsunâmico sobre mim: "Chegou a hora, agora é comigo." Claramente eu percebo que a responsabilidade é minha. Quando você sente isso, quando você entra em contato com essa verdade, a sua capacidade de agir se multiplica, se amplia, se expande. A memória mais marcante que tenho desse momento é: assumo a responsabilidade e passo a agir com objetividade absoluta. "Objetividade" é outra palavra interessante: "Qualidade de objetivo. Condição da atitude que deve ser completamente adequada às circunstâncias. Perfeição na execução de uma obra."

Apesar da atenção, não sinto medo. Diante das circunstâncias, não é adequado me perguntar: "Será que vai dar certo?" Eu vou. O risco é inerente ao empreendedorismo, eu sei disso. Trabalhando 15 horas por dia em um pequeno escritório provisório, perto da sede da Jovem Pan, na Avenida Paulista, começo a construir o primeiro negócio da L21 Participações. E, principalmente, começo a construir um empresário. Ele hoje tem mais de 40 anos, faz girar em torno de si um faturamento de R$120 milhões, comanda 12 negócios distintos, mas sinérgicos entre si, e tem 32 sócios. Garanto: eu nem me lembro que um dia eu desisti do conforto e da segurança de US$70 mil por mês + bônus.

RISCO

CAPÍTULO**2**

2. RISCO

risco (*ris*.co) *sm.* **1** Esboço, traçado. **2** Possibilidade de perigo. *Econ.* Indicador que estabelece o risco de se investir em algo. [Do fr. *risque.*]

Dicionário da Língua Portuguesa Evanildo Bechara

risco *s.m.* **2.** *p.ext.* probabilidades de insucesso de determinado empreendimento, em função de acontecimento eventual, incerto, cuja ocorrência não depende exclusivamente da vontade dos interessados.

Dicionário Houaiss da Língua Portuguesa

risco. [*Do b.-lat. risicu, riscu,* poss. do lat. *resecare,* 'cortar'; ou do esp. *risco,* 'penhasco alto e escarpado'.] *S. m.* **1.** Perigo ou possibilidade de perigo. **2.** JUR Possibilidade de perda ou de responsabilidade por dano.

Dicionário Aurélio da Língua Portuguesa

Gosto do risco, tenho prazer em senti-lo, pois, para mim, ele é sinônimo de resultado. Ou não. Mas prefiro sempre arriscar. O site Virgula, o primeiro empreendimento da L21 e o primeiro portal jovem de cultura pop da internet brasileira, foi um salto quântico. Ao longo da minha vida profissional foram vários saltos quânticos, mas o Virgula... Ah, o Virgula... O nascimento dele me ensinou que empreender é, em sua gênese, a zona do desconforto. Apesar do projeto ter nascido combalido pelas circunstâncias, com trabalho e fé conseguimos virar o jogo. Três palavras são inerentes a esse momento: risco, perseverança e foco.

> Costumo dizer que empreender é como estar diante de um tabuleiro de xadrez. E portanto, você será tão bem-sucedido quanto for sua capacidade de antever muitas movimentações de jogadas adiante.

Aprendi muitas lições nessa primeira tacada. Por exemplo, a necessidade de se planejar em três frentes, com visão de curto, médio e longo prazo, tudo ao mesmo tempo. Curto prazo porque é preciso entender quais os desafios, as dificuldades, as barreiras e, principalmente, as oportunidades. Não escolhi o segmento de entretenimento como caminho porque me deu, simplesmente, um estalo. A Sony — e antes da Sony, a Brahma, uma passagem que vou contar adiante — me preparou para o desafio, me deu a bagagem para pegar o trem. Eu não teria qualquer chance se tivesse optado, por exemplo, por construir uma cadeia de supermercados. Até porque acima de tudo está a nossa verdade, a *sua* verdade. Já pensar a médio e longo prazos significa fazer contas. Calcular o caminho a seguir para atingir as metas, os sonhos. Não existe uma receita preestabelecida. Trata-se de um cálculo obviamente baseado em fatos, mas também muito calcado na intuição. Costumo dizer que empreender é como estar diante de um tabuleiro de xadrez.

E portanto, você será tão bem-sucedido quanto for sua capacidade de antever muitas movimentações de jogadas adiante. Enxergar onde estará a rainha daqui a muitas jogadas faz uma imensa diferença. Começo a antever o movimento das minhas peças muito antes de encontrar o Tutinha, muito antes de o Virgula começar a ser gestado.

Já contei resumidamente de onde vim e aonde cheguei. Mas, em detalhes, foi um longo processo de construção pessoal. Ponto de partida, então: identificar as oportunidades. Esta é a alma da reinvenção. Eu entendo que a indústria fonográfica está resistindo às mudanças irreversíveis do mundo, identifico o nascimento de um poderoso mercado com o surgimento da internet e deflagro o processo. Um processo de ebulição interna, de transformação, de transmutação. E a partir daí, estabeleço a filosofia da L21. Imagino uma *holding*, em que uma empresa se associaria a outras, num modelo, digamos, de retroalimentação, de inter-relação. Ou seja, tudo sob o mesmo guarda--chuva, subdividindo em três segmentos: mídia, conteúdo e serviços. Sócios, muitos sócios, trocando, somando, multiplicando, divergindo (como é fundamental discordar e crescer a partir das discussões, dos debates) e criando. E irradiando. Enfim, penso a L21 de tal maneira que as empresas transacionem serviços e conteúdos entre si. Meu modelo é oferecer um negócio que apresente soluções integradas de posicionamento e comunicação para marcas e serviços. Exemplo: um evento promovido por umas das empresas da *holding* é divulgado pelas duas rádios do grupo, conta com os serviços da nossa agência de ativação e promoção... São 12 negócios, um levantando a bola do outro. Sempre soube que a L21 estaria presente em mídia, conteúdo e entretenimento presencial. E não tinha nenhuma dúvida de que, para início de conversa, eu precisaria de mídia na mão. Evidentemente veículos de mídia fazem com que você possa alavancar negócios. Seus negócios. É o tal poder de cacarejar, que já mencionei.

Sob o ponto de vista filosófico e conceitual, a L21 nasce, então, assim: um emaranhado. Um saudável e construtivo emaranhado. Interconectada. Como, aliás, somos todos nós junto ao universo. Não foi, portanto, um *insight*. Não acordei e — oba! — tenho uma ideia. Exercito constante e prazerosamente o ato de pensar sobre as coisas. Estou sempre me perguntando. Se perguntar é crucial não só profissional, mas acima de tudo, pessoalmente. Não há evolução sem questionamento. Sugestão? Sempre se pergunte. Sempre. O que posso fazer? E, principalmente: como posso fazer diferente? A partir do momento em que se decide empreender, torna-se mais fundamental do que nunca o questionamento. E torna-se mais fundamental do que nunca exercitar o que chamo de visão esférica.

> Não há evolução sem questionamento. Sugestão? Sempre se pergunte. Sempre. O que posso fazer? E, principalmente: como posso fazer diferente?

Imagine um olho que tem uma visão esférica, que pode olhar todos os lados e entender todos os ângulos. O ser humano tem no máximo 180 graus? Nem isso... Temos visão periférica (muitas vezes vital, inclusive). Olhar esfericamente é olhar em cima, embaixo, de um lado, de outro... Circundar. A cada ângulo, você terá uma tonalidade diferente, um perfil diferente, uma perspectiva diferente. Quando você consegue olhar para qualquer coisa esfericamente você descobre como e de que maneira a reinvenção é possível. Você descobre um jeito novo de fazer coisas que, à primeira vista, parecem velhas, ultrapassadas. Como se vê: quando surge o Tutinha, o meu primeiro sócio, a L21 já é uma realidade. Internamente, ela já existe. Afinal de contas, antes de acontecer externamente o mundo a nossa volta, ele deve acontecer em nosso peito, em nossa alma. Só depende de você. Ponto.

Recebo um telefonema do Tutinha. E aí não tenha dúvida, sincronicidade é a palavra. Outubro de 1999. Estou na Sony, já decidido a sair. E já decidido de que, antes de tudo, para iniciar a L21, eu deveria controlar veículos de comunicação. Certos segmentos, obviamente. Um canal de televisão, por exemplo, exige um aporte financeiro estratosférico. O que nem de longe fazia parte dos meus planos. Tutinha chega com a proposta de montar o primeiro portal jovem de cultura pop da internet brasileira. Na época, você ligava a televisão e, a cada dez notícias, quatro estavam relacionadas à então embrionária internet. Lembro-me das palavras dele: "Calainho, a gente precisa fazer isso. Estamos vivendo um período fervilhante, você tem uma experiência gigante no segmento de entretenimento. E eu tenho a Jovem Pan FM, que pode alavancar esse produto que vamos lançar na internet." Quando ouço aquilo, não acredito. O Tutinha fala exatamente o que quero ouvir. E conto a ele um pouco da ideia, da filosofia da *holding* que eu acabara de colocar no papel.

Tutinha lembra bem o nosso começo juntos:

❝ A internet estava engatinhando, mas já prometendo alavancar o mercado. Daí surgiu a ideia de propor ao Calainho que aproveitássemos o público da Jovem Pan FM para criar um portal na internet. O nosso portal falaria para o mesmo segmento da rádio. Com isso a gente teria um crossmedia, que, ao mesmo tempo, daria força para a rádio e para o portal. Calainho e eu já tínhamos várias parcerias de sucesso: Jota Quest, Shakira, grandes artistas... Nós dois estávamos sempre criando projetos em conjunto, que envolviam a minha rádio e a companhia que ele trabalhava, a Sony Music. **❞**

Eu me estabeleço em São Paulo em março de 2000. E meu sócio e eu começamos a trabalhar: risco, perseverança e foco. Deixo o Rio para viver em um hotel em São Paulo com um ganho mensal pelo menos cinco vezes menor do que o meu salário na Sony. Combino com o Tutinha uma retirada de capital da empresa só para pagar as minhas despesas. Evidente, eu tinha um lastro financeiro importante. Mas não queria entrar no meu capital pessoal. Quando paro para pensar nesse período, digo: "Imenso risco." Várias pessoas haviam me dito: "Ninguém consegue ser sócio do Tutinha por mais de seis meses, um ano." Ele é um gênio do entretenimento, tanto que criou o *Pânico*, um dos maiores *cases* da televisão brasileira dos últimos tempos. Só que carrega a fama de difícil. É controverso no mercado. Ignoro completamente os conselhos e insinuações. Ou se acredita, ou se acredita! E arrumo as malas, com a cara e a coragem. Hoje tenho uma relação excepcional com ele. Somos compadres. Estamos juntos há mais de uma década, com o maior prazer. Engraçado: existe uma aura mística em torno do Tutinha. E existe uma crença sobre mim, sobre a minha capacidade de lidar com pessoas. Eu, de fato, tenho facilidade de me relacionar. E sobre isso vou discorrer com mais profundidade à frente. Para resumir, presto atenção nas pessoas. Dou atenção às pessoas. Dessa forma, eu as entendo e estabeleço um canal de comunicação. Com prazer e amor. Não aprendi isso em lugar algum. Mas exercito, e gosto. Por isso consigo manter tantos sócios. Tutinha concorda:

❝ Eu tinha absoluta certeza — e não me decepcionei: ser sócio do Calainho seria conquistar um parceiro de verdade, nas horas boas e nas horas de dificuldade. Ele tem um caráter irreparável. E é um grande amigo. Sociedade para dar certo exige muita honestidade, e esse foi o rumo que traçamos nos negócios e na vida pessoal. **❞**

Adoro um dito popular que diz: "Melhor segurar um cavalo acelerado do que empurrar uma mula mansa." E, não por acaso, Tutinha é uma das pessoas mais aceleradas e, reitero, criativas que conheço, dono de uma personalidade, digamos, marcante, imponente.

> Adoro um dito popular que diz: "Melhor segurar um cavalo acelerado do que empurrar uma mula mansa."

Estou pontuando isso porque no caminho empresarial e na construção societária é *fundamental* definir o que se deseja do parceiro de trabalho. E eu desejo um sócio que dá duro, que rala. E o Tutinha é um trabalhador excepcional. Portanto, o resto foi apenas me moldar. No fim do dia é isto: você poder pegar uma mula mansa e ficar lá, tentando empurrar. Ou você poder correr e montar um cavalo à altura daquilo que você deseja.

Nosso começo não foi fácil. Pelo contrário. Foi penoso. No momento em que nos sentamos para construir o nosso *business plan*, o mundo vive o que ficou conhecido como "a bolha da internet". Os valores das ações na Nasdaq são absurdos, uma loucura. O Zip.Net, um grande provedor a época, é vendido por cerca de US$300 milhões. As cifras que envolvem o universo virtual superaram qualquer expectativa.

Numa pequena sala ao lado da sede da Jovem Pan FM, nós, confiantes no mercado, instalamos um diretor de tecnologia, uma diretora de marketing e uma pessoa para cuidar da área administrativa. Isso constituía a nossa empresa. Em nosso *business plan*, colocaríamos na mesa determinado volume de capital próprio para a largada e venderíamos 25% das ações do portal. O investimento total era de cerca de US$40 milhões.

Em abril iniciamos um *road show*. Ou seja, uma peregrinação para vender o negócio. Parte do negócio. Temos nas mãos um *book* perfeito, com projeção para seis anos, crescimento de audiência, receita... Tudo absolutamente bem-planejado. Acontece, então, o que pode se chamar de "*crack* da internet", o estouro da Nasdaq. O estouro da bolha. Quem tinha negócios na web vai do céu ao inferno. Sem escalas. Isso pega a mim e ao Tutinha em pleno *road show*. Simplesmente nós não somos mais recebidos pelos empresários. Ninguém quer ouvir falar de internet. Da noite para o dia, ela se transforma num sonho que não deu certo. Se você dizia que tinha um negócio de internet, as pessoas literalmente riam de você. A internet caminhou *tsunamicamente* do crédito para o descrédito. Em questão de dias.

E Tutinha e eu estávamos de calças curtas. Saímos para jantar e clarear as ideias. Digo: "Tuta, são dois caminhos. Temos o nosso negócio, não vamos captar nem um centavo para erguer isso, esquece, ou nós permanecemos apostando e, portanto, acreditando no negócio; ou fazemos o que 95% dos empresários ligados a web estão fazendo: assumimos o prejuízo." Já tínhamos investido cerca de US$1 milhão. Tutinha responde: "Vamos apostar. Vamos apostar." Eu concordo. Ambos pensamos a mesma coisa, com visão de médio prazo. Para nós, a oportunidade continuava existindo, embora o senso comum concordasse que a internet estava morta. A gente crê naquele momento em que, em cinco ou seis anos, com mais usuários, o cenário mudaria. Os veículos de comunicação entenderiam que precisavam de um *braço* na internet e as agências de publicidade também compreenderiam o poder dessa nova ferramenta de mídia. Nossa opção foi simples: confiar e arriscar. Ou, em outras palavras: risco, perseverança e foco.

O jantar termina em clima otimista. Se 95% das empresas estão fechando e nós abrindo, temos uma chance de nos posicionar para aguardar a retomada da internet. Nos nossos devaneios, temos, inclusive, uma posição única no mercado dentro do segmento jovem, e o nosso negócio, em dez anos, vai valer milhões. Foi assim que voltamos para casa. No dia seguinte, porém, a nuvem continuava negra, anunciando tempestades. Ninguém aposta um centavo em nossa bola de cristal, nas nossas previsões para o futuro.

Boa parte das pessoas é avessa ao risco. Eu não. Já disse aqui. Minha atração pelo risco, porém, não é insana. Aí entra, de novo, a chamada visão esférica. Pesquiso, entendo, analiso todos os ângulos, intuo e vou. E fui. Sem dúvida a melhor decisão da minha vida de negócios, minha melhor aposta empresarial. E do Tutinha também:

> ❝ No começo do trabalho, a internet estava bombando. E os investidores estavam ávidos para botar dinheiro. Estruturamos nosso negócio e fomos para a rua. Os números eram tão milionários que era difícil acreditar. Nós, porém, chegamos tarde. A bolha explodiu. O que fazer? Já tínhamos um projeto em andamento. Resolvemos tocar o barco, com investimento próprio. Todos os dias Calainho e

eu saíamos para visitar agências, clientes diretos... E conseguimos fechar bons negócios. Viramos o jogo com muito trabalho, muita perseverança e muita fé. **"**

O Virgula entra no ar em abril de 2001. O nome do portal é uma sacada de gênio do pai do Tutinha, o sábio sr. Tuta. Ele diz: "Não estão dizendo que é o ponto final da internet? O portal de vocês deveria chamar-se vírgula." Sensacional. No começo, nossa estrutura é pequena, cerca de vinte pessoas. Nosso foco é posicionar o produto como portal jovem. Estavam no jogo então somente os grandes *players*. Do vendaval, sobraram o UOL, o Terra e o IG. As pessoas diziam: "Esses caras são malucos de lançar esse negócio." E nós fomos em frente: produto jovem feito por jovens. E resolvemos inovar também no posicionamento comercial. No jornalismo tradicional, não se mistura conteúdo e publicidade. Reinvenção à vista! Há até uma máxima para se referir às duas pontas aparentemente antagônicas: Igreja e Estado. Entendo que essa "Muralha da China" é algo ultrapassado, fora do tempo. Proponho ao Tutinha "reinventarmos a roda": "Nós temos um produto único. E acho que devemos oferecer ao mercado um modelo onde área comercial e área editorial se misturem, sim, desde que seja uma boa interferência, desde que haja convergência de posicionamento." Tutinha topa.

No final de 2001, com o Virgula há quase um ano no ar, desembarcamos na sede da Telefônica para uma conversa. Até aí havia sido uma batalha, nós dois remando contra a maré. Nesse momento, a Telefônica está lançando sua banda larga. O Speedy entraria em funcionamento em abril de 2002, com foco justamente no segmento jovem. Ainda se acreditava que internet era algo somente para jovens. Os executivos da Telefônica se viram para nós e dizem: "Estamos lançando nossa banda larga, o Speedy, e queremos inventar alguma coisa para que as pessoas possam degustar o produto. Não adianta lançar se ninguém tem por que usar. Queremos conteúdo jovem que exija banda larga para ser acessado."

Saímos da Telefônica em ponto de efervescência. É a nossa chance. Tutinha entra em ação. O cara é um dos mais antenados que conheço, um *researcher* alucinado. E descobre um site na Rússia chamado *Naked News*. O que era o *Naked News*? Um jornal na internet em que uma apresentadora dava as notícias, notícias sérias, fazendo um *striptease*. Ela ia noticiando algo a respeito da Bolsa de Londres (ou qualquer outro assunto) e tirando a roupa até ficar absolutamente nua. Nós adaptamos a ideia para o Virgula e lançamos o *"Nutícias* Speedy". Criamos o ambiente, contratamos três apresentadoras e vendemos o conceito para a Telefônica, que comprou imediatamente a ideia. A partir daí, o Virgula começa a se pagar. O *"Nutícias"* é nosso primeiro sucesso editorial.

Em 2003, já numa posição financeira estruturada, somos procurados pelo provedor Terra, que nos propõe um aporte mensal de R$200 mil para nos hospedar. Isto, claro, em função do excepcional posicionamento que havíamos estabelecido junto ao público jovem. E evidentemente também, por nossa já robusta audiência. Nosso contrato com o Terra se estende até 2007. Hoje estamos no UOL. Mas a parceria com o Terra foi fundamental para sanar as dívidas. Vale relembrar um dos *cases* que tornam o Virgula o maior portal de cultura pop/jovem do país. O Tutinha já tinha o *Pânico* no rádio, que ia ao ar de segunda a sexta, das 12h às 14h. Nós resolvemos lançar o programa na internet. Instalamos câmeras dentro do estúdio da rádio e passamos a transmitir ao vivo no Virgula. Boom! Estouramos. Produzimos conteúdos exclusivos e também blogs com o pessoal do *Pânico*, com imagens, fotos, entrevistas...

Tudo ia bem. E, em 2004 e 2005, vivemos dois momentos-chave, que mudam o cenário de internet no mundo. Apesar do sucesso, a vida continua dura. As agências de publicidade não olham para a internet. Ou olham muito pouco. Apenas 1,5% da verba de publicidade vai para a internet. O primeiro episódio que inicia a mudança de cenário é a oferta pública inicial, o IPO (Initial Public Offering) do Google. Da mesma maneira que o estouro da bolha da internet faz desmoronar a imagem da web, o IPO do Google inverte a situação. IPO, para quem não sabe, é quando uma empresa inicia a venda de suas ações na Bolsa de Valores, tornando-se portanto uma empresa chamada de "capital aberto". O IPO do Google é muito emblemático: 19 de agosto de 2004. Com esse IPO, inaugura-se uma prolífica fase da internet. Quando isso acontece, Tutinha e eu olhamos um para o outro e agradecemos por nossa decisão, lá trás, de ir contra o senso comum. De caminhar na contramão. O Virgula já vinha se fortalecendo e se posicionando. Portanto, estávamos prontos para o admirável mundo novo. O admirável mundo da internet.

Uma coisa não existe sem a outra: não há como ser empreendedor e não ser um *player*. Bom ressaltar: ser um *player* é diferente de ser um jogador. Num jogo, você tem pouco controle. Em um *business*, é outra história: quanto maior o seu prestígio, maior o seu controle; quanto maior seu conhecimento do negócio, maior o seu controle... Vários fatores influenciam na jogada de um *player*. O Virgula completou 11 anos em 2012. O caminho foi repleto de cartadas. Em 2006, lançamos rádios na web. Isso ainda não era comum. Em 2009, integramos o Virgula às redes sociais. Outra coisa que não se fazia. Concluindo: o Virgula foi e é um dos meus grandes movimentos empresariais. Temos hoje 8,6% dos 94 milhões de internautas do Brasil. São ao todo 8 milhões e 100 mil visitantes únicos/mês com um volume médio de 110 milhões de *page views*. Em cifrões, o Virgula vale hoje algo em torno de R$35 milhões. Em 2000, não pagava nem mesmo um jantar entre meu sócio e eu...

SURPREENDER

SUR PREE NDER

CAPÍTULO**3**

3. SURPREENDER

surpreender (sur.pre.en.*der*) *v. td.* **1** Pegar (alguém) em flagrante. *td.* **2** Atacar de surpresa. **3** Fazer uma surpresa a. *td.* **4** Apanhar ou atingir (alguém) subitamente. **5** Admirar (-se), espantar (-se).
[**Conjug. 2** surpreen**d**er] [Part.: *surpreendido, surpreso.*]
[Adaptç. do fr. *surprendre.*]

Dicionário da Língua Portuguesa Evanildo Bechara

surpreender *v.* **4.** *t.d.int. e pron.* causar ou ter surpresa, espanto, espantar(-se), admirar(-se).

Dicionário Houaiss da Língua Portuguesa

surpreender. [Do fr. *Surprendre.*] *V. t. d.* **1.** Apanhar de improviso; saltear: *Tentaremos surpreender os inimigos.* **3.** Aparecer inesperadamente diante de: *O pai surpreendeu-o quando saía* às *ocultas.* **4.** Causar surpresa a; espantar, admirar: *A beleza da jovem surpreendeu os rapazes.* **5.** Maravilhar, assombrar: *A visão do impossível surpreende os incréus.* **9.** Espantar-se, admirar-se: Surpreendeu-se de vê-lo presente.
[Sin. ger. p. us.: surpresar.]

Dicionário Aurélio da Língua Portuguesa

Em média seis reuniões todos os dias. E um frenético vaivém entre sete escritórios. Gosto. Somos 32 sócios fazendo acontecer 12 negócios. Meu dia a dia é quase sempre assim: quintas, sextas, sábados, domingos e segundas, moro no Leblon. Terças e quartas, Moema, Zona Sul de São Paulo.

Uma década se passou desde o lançamento do Virgula, e a L21 se transformou definitivamente em uma *holding* multiplataforma. E eu sou, digamos, o "hub". O ponto de convergência. Minha participação percentual em cada um dos negócios varia de 12% a 95%. A história se deu mais ou menos nesta toada: enquanto o Virgula nasce, a roda gira. Tutinha — mais uma vez o Tutinha — me faz uma oferta tentadora, irrecusável. Em setembro de 2000, antes mesmo do nosso portal entrar no ar, ele me diz: "Calainho, você tem interesse em rádio?" E continua: "O franqueado da Jovem Pan FM no Rio de Janeiro acabou de encerrar o nosso contrato e eu quero manter a rádio no mercado carioca. Você quer tocar?" "Obviamente", foi a minha resposta. Nesse momento já passo a viver na ponte aérea, com casa aqui e casa acolá.

Entram em cena mais dois sócios na minha vida empresarial: Alexandre Accioly e Luciano Huck. Juntos, criamos a Dial Brasil, que vou apresentar adiante. Por ora, conheça meus novos sócios. Accioly, como bem se sabe, é um importante empresário do país. E o Luciano, hoje, dispensa apresentações. Raríssimo caso de personagem que agrega imenso talento artístico e empresarial.

Conheci o Alexandre lá atrás, nos tempos de Sony Music. Como executivo da gravadora, havia criado a "CD Express", uma forma rudimentar de loja virtual. Você comprava a *CD Express* (que era um CD-rom) nas lojas, rodava no PC e — maravilha! — podia navegar por todo o catálogo da Sony, ouvindo trechos de músicas, vendo videoclipes, conhecendo a biografia dos artistas. Só que tínhamos um imenso problema: "Como o consumidor entraria em contato com a Sony para fazer os pedidos?" Lembrem-se: não havia internet. Precisávamos de um *call center*, e o Alexandre (outro reinventor) tinha um *call center*, a Quatro/A, o maior do Brasil de então. Negócio fechado, iniciamos a operação. Que, aliás, gerou belas vendas. Mas vamos a minha sociedade com ele, oito anos depois...

Em 1999, ele vende a Quatro/A para a Telefônica numa jogada de algumas dezenas de milhões. E liga para mim com o seguinte discurso: "Calainho, se aparecer um bom negócio, quero investir." Sempre admirei a velocidade e a agressividade, no bom sentido, dele. Uma figura que tem uma capacidade de trabalho ilimitada. Quando o Tutinha me oferece a Jovem Pan FM Rio, claro, penso logo nele: "Alê, e aí? Topas ser dono de uma FM?" Ele: "Adoro, vamos nessa." O Alexandre não se esqueceu desse telefonema:

❝ Sou amigo do Calainho há muito anos, desde os tempos em que ele estava na Sony. Quando vendi a Quatro/A, estava em busca de oportunidades de investimentos no Rio de Janeiro e comentei com ele. Um dia Calainho me liga e me oferece uma sociedade na Jovem Pan FM. Fazia todo o sentido para mim investir em rádio naquele momento. Eu estava exatamente prospectando negócios na área de entretenimento. Topei, e começamos uma longa parceria. A minha parceria com o Calainho é a de dois amigos que têm total cumplicidade, admiração e respeito. Ele é um avião, ligado na tomada 24 horas por dia. Nós, certamente, nos complementamos. **❞**

E o Luciano? Nos conhecemos dos tempos do programa *H*, na Rede Bandeirantes. Ele procurou a Sony para pleitear que nossos artistas se apresentassem no programa dele. Paralelamente, também iniciou o *Torpedo da Pan*, um programa na Jovem Pan FM de São Paulo. Lembro que aí já começo a ficar atento aos seus movimentos. Inteligentes movimentos. Percebo nele um cara com visão ampla, esférica, que pensa à frente, sempre com o intuito de construção, de reinvenção. Tanto é assim que o Programa *H* virou um sucesso absoluto, um *case* da TV brasileira.

Quando vendo a ideia da Jovem Pan Rio para o Luciano e para o Alexandre, já estava embutida nela a minha visão esférica do produto FM. Assim como na deles. À primeira vista, rádio poderia parecer algo ultrapassado, fora do tempo. Eu entendo, porém, que há uma grande oportunidade na oferta do Tutinha, e a forma é olhar para ela por cima, por baixo, de um lado, do outro... Até encontrar um caminho para reinventar o negócio. Observação: certamente um dos importantes caminhos na minha vida empresarial é a obsessão em constantemente construir modelos comerciais diferenciados e inovadores. E que, acima de tudo, gerem resultados para meus clientes.

O Rock in Rio estava, então, por vir. O festival aconteceu no Rio de Janeiro em cinco ocasiões — 1985, 1991, 2001, 2011 e, mais recentemente, 2013. Percebo que devemos relançar a Jovem Pan FM no Rock in Rio, como a rádio oficial do evento. E ela vai ao ar exatamente em janeiro de 2001, operando com um conceito novo, do ponto de vista promocional e comercial. Seguindo a trilha do Virgula, a rádio alia conteúdo e publicidade com diversos projetos envolvendo marcas. Um amplo projeto com a operadora Oi foi inclusive um grande *case*.

Nós, os três sócios fundadores, temos que aportar algum capital para dar a largada. O negócio cresce veloz. Até que em 2002, Luciano, Alexandre e eu nos sentamos para conversar. O tom é: "Estamos construindo ótimos resultados. Mas, no fundo, não somos donos do ativo, dado que a marca Jovem Pan é uma franquia." A pergunta que colocamos na mesa foi: "E se botarmos de pé uma rádio própria, criada por nós, cujo foco fosse o público adulto contemporâneo?" Ampliaríamos o negócio no segmento de rádio, e ainda construiríamos um ativo de nossa propriedade.

Eu não esclareci... Para lançar a Jovem Pan, criamos uma empresa, a Dial Brasil. O núcleo da sociedade éramos eu, Alexandre e Luciano — nos primeiros anos, outros sócios entraram para contribuir no crescimento do negócio. Mais adiante, porém, venderam suas participações.

> Tudo, absolutamente tudo, pode ser reinventado. Só depende de visão. E visão de curtíssimo, médio e longo prazo.

Voltando a nossa rodada de conversa, começamos a nos fazer várias perguntas. Entre elas: quais as rádios adultas contemporâneas? Existiam JB FM, MPB FM, Antena 1 e Globo FM. Boas, mas não contemporâneas no sentido que queríamos. E decidimos: "Então ok, vamos inventar uma rádio adulta contemporânea de verdade. Vamos inventar uma rádio adulta que faça diferença. Adulta, porém jovem de espírito." Foi um momento de real reinvenção. As rádios adultas tinham uma fórmula, uma receita, e trabalhamos duro para perverter isso. Para transcender a isso. Sabíamos que havia mercado no Rio e que bastava, de novo, aplicar um modelo esférico. Tudo, absolutamente tudo, pode ser reinventado. Só depende de visão. E visão de curtíssimo, médio e longo prazo.

O conceito do novo projeto ancora-se num tripé.

1. Programação de qualidade, intercalando sucessos nacionais e internacionais com *flashbacks*. E, ao contrário do que faziam as outras rádios adultas, lançando novos artistas, novas tendências. A ideia era lançar gente nova, novos talentos.

2. Conteúdo vivo e exclusivo. Até então, rádios adultas eram sinônimo de música. Com bom conteúdo, encontraríamos convergência com o público que nos interessava.

3. Ação promocional nas ruas. Rádios adultas não operavam assim. Decidimos por presença em eventos.

Como se vê, nasce uma rádio diferente. E, sem falsa modéstia, fomos copiados. As rádios que existiam no segmento tiveram que se mexer. Bom... Jovem Pan FM no ar, acontecendo. E nós articulando o novo produto. A nova rádio. Tudo preparado para o lançamento em abril de 2003. Só que ainda não havíamos chegado ao nome. Na Rio-Santos, a caminho da festa de réveillon na casa do Alexandre, em Angra, vou pensando em alternativas. E de repente: "Paradiso". É isso: "Paradiso FM". Lançamos no ar a Paradiso FM e damos a largada ocupando a quinta posição no ranking: JB FM, Antena 1, Globo FM, MPB FM e Paradiso FM, nessa ordem.

A Jovem Pan ia muito bem, ok. Mas não segurava a pressão financeira de uma nova rádio — a Paradiso FM — no mercado. Temos que alavancar o negócio. Ou seja, aportar capital para fazer com que a empresa cresça. Entra no páreo mais um sócio, Arnaldo Cardoso Pires, irmão de uma ex-namorada (Claudia Maria) e o cara que me indicou para a Sony Music (lá atrás, em 1990...). Nós quatro, alavancando, apostando... *Players!*

Até que no final de 2003 surge uma oportunidade de mais uma vez contribuir para a reinvenção do negócio rádio. O Rio Sul, tradicional shopping carioca, possui um piso desocupado e nos oferece o espaço. Nós o ocupamos com os estúdios das duas rádios, Jovem Pan e Paradiso FM, e inauguramos o FM Hall. Tudo construído de forma que o público pudesse interagir com os estúdios. A MTV havia feito isso na Time Square, em Nova York. Foi um momento absolutamente fundamental para o posicionamento da Dial Brasil. Imagine: um andar inteiro, dois estúdios envidraçados, com os escritórios montados ao lado. E, no vão livre, atrações rolando. O *Marketeria*, programa de entrevistas que apresento desde o nascimento da Paradiso FM, por exemplo, acontecendo ao vivo, com o público assistindo. E, no palco, vários shows, transmitidos também ao vivo pelas rádios. E ainda há o FM Café, um *hit*. Reinvenção, reinvenção, reinvenção.

O FM Hall abre as portas em maio de 2004. Sem dúvida, um tiro certeiro para o posicionamento do negócio. Mas não gera resultados. Pelo contrário. Gera mais endividamento. Posicionamento, porém endividamento.

Portanto, na Dial Brasil a situação era: uma FM geradora de resultados, a Jovem Pan FM, uma FM deficitária (até porque nova ainda no mercado) a Paradiso FM e um espaço, o FM Hall, gerador de imagem, mas não de receitas.

O negócio estabelecido, porém alavancado, muito alavancado.

E, mais uma vez, sincronicidade.

Em 2007, após algumas conversas com o Grupo Mix, de São Paulo, que deseja instalar no Rio de Janeiro a MIX FM, decidimos negociar parte da empresa para esse novo sócio. Resultado: o Grupo Mix investe na Dial Brasil e zera toda a alavancagem da empresa. Trocamos a bandeira de Jovem Pan FM para Mix FM. Mudamos de endereço, para a avenida Presidente Vargas, onde estamos hoje.

Vida nova, negócio preparado para se expandir e a certeza de que na vida empresarial novos caminhos devem *sempre* estar na pauta. Reinvenções, mais uma vez, determinando sucesso.

Pode parecer incrível, mas em 2008, depois de apenas cinco anos de existência, a Paradiso FM chega ao segundo lugar em audiência. Ultrapassamos rádios estabelecidas e posicionadas no mercado, graças a uma série de ações inovadoras e criativas. Conteúdos exclusivos, novas tendências musicais, campanhas publicitárias arrojadas, formatos comerciais inéditos, forte ação de assessoria de imprensa. Enfim, inovação. Ponto!

Ah, claro, o FM Hall foi vital para o crescimento vertical da audiência da Paradiso FM. Resumindo: uma rádio que até então dependia de aportes para viver, estava agora preparada para decolar.

Mas antes de prosseguir, um ponto crucial: amor. Isso faz toda a diferença. De fato, mergulho minha alma no negócio. Seja qual for. E nas rádios não foi diferente.

Compromisso com a realização. Com a transcendência. Com o novo. Com o time. Com os resultados. Com a equipe. Mas acima de tudo, com uma atitude ética e amorosa. Porque tudo o que se entrega ao universo se recebe em troca. Pense nas suas atitudes e reflexos delas. Todas as horas e todos os dias. E se necessário, se reinvente. Feliz.

Voltando à história, com a Mix FM e a Paradiso FM a todo vapor, sou procurado pela SulAmérica Seguros e Previdência. A reunião acontece em São Paulo, no final de 2008. O papo rola mais ou menos assim: "Calainho, a SulAmérica tem uma rádio em São Paulo, focada em trânsito, portanto contamos com alguma experiência no segmento. Acreditamos que a Paradiso FM apresenta absoluta aderência ao perfil da nossa empresa. Mas não queremos comprar um pacote clássico de patrocínio. Queremos algo diferente. O que você pode nos oferecer?" "Ok! Vou voltar para casa e pensar", foi a minha pronta resposta. Mente funcionando. E... uma ideia: posso oferecer um *naming right*, algo inédito. *Naming right*? Sim, agregar o nome de uma empresa ou produto ao nome de um evento, local, teatro, veículo etc.

Logo: SulAmérica Paradiso FM! Diferente de SulAmérica Trânsito, porque nasceu SulAmérica Trânsito. Tenho consciência: "Um megarrisco!" Dos dois lados: com o público, que pode não se identificar com a SulAmerica, e com o mercado publicitário, dado que eventualmente uma marca poderia não querer ver seu nome associado a outra. Ou seja, redução de anunciantes.

> Claramente, marketing contemporâneo envolve conteúdo. Ponto final.

Por outro lado, o maior contrato já estabelecido na história do rádio no Rio de Janeiro.

Os riscos existem. Eu sei. E gosto deles. Risco calculado, pensado e repensado, diga-se. Grandes riscos, grandes desafios, grandes resultados. Em nossa vida pessoal, inclusive.

Decido convencer meus sócios. Definitivamente não concordo com o preconceito de agregar uma marca (seja de uma empresa ou produto) a uma marca de um veículo de comunicação. Claramente, marketing contemporâneo envolve conteúdo. Ponto final. Discordo frontalmente de que haja incompatibilidade. Desde que, é claro, haja convergência de posicionamento do veículo com a marca e/ou produto.

"Sendas Paradiso FM" jamais voaria. Nada contra a antiga rede de supermercados.

E munido da minha fé e vontade (palavra fundamental: sem vontade nada há), convoco uma reunião. Convenço meus sócios (que exatamente por terem a cabeça que têm *são* meus sócios). Depois, convenço os diretores da rádio, que, comente-se aqui, são executivos com um imenso grau de compromisso com o negócio. Muito obrigado, Alexandre Carvalho, Alexandre Amorim, Marcio Cabidolusso e Cássia Monteiro. Vida longa!

Ansiedade geral. Muitas emoções. Ótimo. Em 9 de junho de 2009, a Paradiso FM é relançada como SulAmérica Paradiso FM. Um ano depois, havíamos crescido 52% em audiência e 48% em faturamento. Acreditar e reinventar. Mais uma vez.

E a Dial Brasil hoje? A Mix FM é a maior rádio jovem do mercado carioca, com 1,4 milhão de ouvintes. Tem o maior faturamento do segmento e é a rádio oficial da maioria esmagadora dos grandes eventos com foco no público jovem da cidade, entre eles o Rock in Rio. Quanto à SulAmerica Paradiso: são 650 mil ouvintes. O segundo maior faturamento do segmento adulto no Rio de Janeiro. Somadas, as duas rádios do Grupo Dial Brasil se relacionam com 22% dos ouvintes de rádio no Rio de Janeiro. Tendo um dos três maiores faturamentos da FM.

Concluindo, após uma década de história, aponto alguns momentos emblemáticos desse negócio. O primeiro é o nosso ponto de partida: lançamos uma rádio jovem, a Jovem Pan FM, com modelo comercial diferente, muito associado a conteúdo. Outro momento emblemático acontece quando partimos para uma rádio adulta calcada em um modelo diferenciado, com o lançamento de novos artistas, conteúdo e ação promocional nas ruas. Depois, cito o FM Hall, quando apresentamos ao vivo para as pessoas (através dos estúdios envidraçados) o conceito das nossas rádios, envolvendo mídia e entretenimento. E por último, o mais emblemático, a mudança de marca, de Paradiso FM para SulAmérica Paradiso FM.

Em 2007, nossa dívida era de aproximadamente R$6 milhões. Ao final de 2011, já havíamos distribuído em dividendos os mesmos (coincidência ou não) R$6 milhões. Sem falsa modéstia, estamos orgulhosos por ter contribuído (e ainda contribuir) para a reinvenção da história do rádio.

SINCRONICIDADE

SINCRONICIDADE

CAPÍTULO**4**

4. SINCRONICIDADE

sincronicidade (sin.cro.ni.ci.*da*.de) *sm.* **1** Qualidade ou condição de sincrônico; característica de dois ou mais fatos que ocorrem ao mesmo tempo. **2** Entrosamento perfeito de um processo, operação, etc. com outro(s). **3** Acontecimentos que se relacionam não por relação causal e sim por relação de significado.

Dicionário da Língua Portuguesa Evanildo Bechara

sincronia *s.f.* **2** estado ou condição de dois ou mais fenômenos ou fatos que ocorrem simultaneamente. SIN/VAR Coexistência, concomitância.

sincrônico *adj.* **2** relativo a um conjunto de fatos que coincidem no tempo, sem levar em conta o processo evolutivo.

Dicionário Houaiss da Língua Portuguesa

sincrônico. [De *síncrono* + *–ico*.] *Adj.* **1.** Que ocorre ao mesmo tempo. **2.** Relativo aos fatos concomitantes ou contemporâneos.

Dicionário Aurélio da Língua Portuguesa

Foco amplia. Foco multiplica. Lei universal: foque-se de verdade em algo e perceba, sinta. Positiva ou negativamente, a seu critério... Portanto, em primeiro lugar, foque-se na sua verdade, depois naquilo que você acredita e deseja. Na outra ponta, retire o foco daquilo que não te ilumina. Daquilo que não é você.

Vivo intensamente essa lei todo o tempo. Ideia? Viva também.

Pois então: Aventura Entretenimento, um dos negócios da L21, caso clássico de foco. Foquei, ampliei. Como empresário, já estava plenamente estabelecido, com investimentos em mídia, eventos presenciais e produção de conteúdo. Enquanto consolidava o Virgula e as rádios SulAmérica Paradiso e Mix FM, consolidei outros negócios (falamos disso mais na frente). Poderia seguir dentro de um espectro, de certa maneira, limitado, do infinito mundo do entretenimento. Mas mantenho os olhos abertos, exercitando — sempre — a tal visão esférica. Sou assim: adoro prestar atenção. Na minha vida empresarial e pessoal.

E começo a prestar muita atenção ao teatro, principalmente aos grandes musicais. Desde sempre adoro musicais (em teatro e cinema). Certamente tem a ver com o meu DNA. Música não está no meu DNA, música *é* meu DNA. Durante a vida inteira, assisti a espetáculos na Broadway, em Nova York, e em West End, Londres. Em 2003, 2004, percebo um movimento acontecendo em São Paulo. Uma empresa chamada Companhia Interamericana de Entretenimento (CIE), hoje T4F (Time For Fun), produzindo excelentes espetáculos do gênero. A primeira grande produção foi *O fantasma da ópera*. Inicio o movimento interno: "Porque não investir em musicais?"

Desafiador e apaixonante. Chance de reinvenção?

Parto para a pesquisa. Foco no assunto para ampliar o meu

entendimento. Já falei e repito: identificar, investigar e compreender esfericamente uma oportunidade é passo primeiro de nós, empreendedores. Isso nada mais é do que focar: "Pôr em foco, fazer voltar a atenção, o estudo, para salientar, evidenciar." Descubro que os brasileiros são, de longe, entre os estrangeiros de Nova York, os maiores consumidores de tíquetes da Broadway, algo que já ouvia desde os tempos de Sony Music. Ao mesmo tempo, as produções da CIE estão fazendo grande sucesso em São Paulo. Fico cerca de seis meses acompanhando a bilheteria dos espetáculos.

> Identificar, investigar e compreender esfericamente uma oportunidade é passo primeiro de nós, empreendedores. Isso nada mais é do que focar.

Por outro lado, identifico o interesse das empresas (potenciais patrocinadores?) em buscar novos formatos, novas ferramentas, novos espaços para posicionar suas marcas, produtos e serviços. Vivencio isso na pele com os eventos da L21. O público dos musicais é qualificado; portanto, importante público-alvo das grandes empresas. Concluo: há uma bela oportunidade quanto à obtenção de patrocinadores para produzir grandes espetáculos musicais. Diante da análise esférica (mais uma vez) do segmento, tive a clara certeza de que, sim, fazia sentido me aprofundar no assunto.

Vai soar óbvio o que vou listar agora. Não é. Para continuar a compreender por que os musicais são um bom negócio no Brasil, basta, na verdade, olhar em volta (olhar em volta soa óbvio. Repito: não é). Para início de conversa — e nada de clichê aqui —, o povo brasileiro é o povo mais musical do mundo. Disparado. Temos o maior número de gêneros musicais, do xaxado ao forró, do hip-hop ao pop, do sertanejo ao samba, do frevo ao boi... Uma riqueza incomparável, incomensurável.

Tal riqueza faz com que sejamos um povo apaixonado e comprometido com música. Música na alma. Mesmo! Posso dizer isso com a segurança de quem já esteve na cúpula de uma multinacional cujo negócio se chama música. Viajei o planeta assistindo a shows. Sei exatamente qual é a emoção de um show na França, qual a emoção de um show nos Estados Unidos, na Alemanha, e qual a emoção de um show no Brasil. Em qualquer lugar, música emociona. Aqui, no entanto, ocorre uma entrega, uma energia, uma experiência única para os artistas. Catarse. Sim, catarse. Ouvi isso de grandes: Celine Dion, Julio Iglesias, Michael Jackson (infelizmente um gênio que se foi...). Todos relatam a experiência catártica de fazer shows no Brasil.

> Em qualquer lugar, música emociona. Aqui, no entanto, ocorre uma entrega, uma energia, uma experiência única para os artistas.

Na outra ponta, brasileiros são absolutamente conectados com dramaturgia. As novelas são um dos mais importantes produtos nacionais, uma indústria gigantesca. Há décadas produzimos dramaturgia no país. Não estou falando só de TV Globo. Nós estamos fazendo novela desde os tempos do rádio. Das classes mais abastadas às menos afortunadas, todo mundo no Brasil se relaciona de alguma forma com novelas. Resumindo: somos um povo, majoritariamente, musical e noveleiro. Considere o cenário: um espetáculo musical nada mais é do que a soma exatamente de música e dramaturgia.

Eis que, diante de mim, surge com imensa intensidade uma espetacular (com o perdão do trocadilho) oportunidade de mercado, uma imensa oportunidade de negócio. E, mais do que isso, uma oportunidade de oferecer cultura de alto padrão à população, ao país.

Uma energia de alto valor vibracional que você passa a ter a oportunidade de oferecer ao mundo. O cenário é ou não é de esplendor? De luz? Então... mais uma vez, aciono minhas energias e possibilidades.

E, sincronicamente, recebo um telefonema de um amigo me dizendo o seguinte: "Calainho, há uma pessoa que gostaria muito de te conhecer. Sócia de uma pequena produtora de espetáculos musicais e que deseja ampliar seu negócio."

Incrível (mesmo!) aquele telefonema: SINCRONICIDADE, assim mesmo, em letras garrafais. Certamente não era coincidência, até porque, como já disse, não acredito em coincidências. Eram, sim, as energias do universo conspirando para que aquilo ocorresse. Mas acreditem, para que essas energias se manifestem, é absolutamente necessário que estejamos sempre em sincronicidade com o universo. Senão, nada feito.

Esse amigo me diz que a tal produtora, Aniela Jordan, quer conversar comigo porque deseja profissionalizar a área de negócios e marketing da empresa. Possui grande capacidade de produção e imensa qualidade artística, mas precisa se unir a alguém com capacidade empresarial, para dar sustentação à área de negócios e, portanto, construir *network* junto a anunciantes e patrocinadores. Além disso, entende que novos formatos de marketing são cruciais para o crescimento do negócio. E, de novo, um sócio com *expertise* na área era fundamental.

Coincidência? Não: foco e sincronicidade com o universo. Meu e, claro, dela. Uma vez abertas as energias do universo, esse mesmo universo fará com que as energias nos mesmos tons vibracionais se encontrem e, mais do que isso, se conectem.

A própria Aniela (uma das pessoas mais especiais com as quais tive e tenho o privilégio de trabalhar e conviver) vai contar um pouco quem ela é e o que buscava naquele momento:

❝ Trabalhei no Teatro Municipal quase vinte anos, produzindo grandes espetáculos. Produzi trinta óperas. Depois, abri a minha própria produtora, a Axion. E o Charles (Möeller) e o Cláudio (Botelho) tornaram-se parceiros. Começamos com a Ópera do Malandro, em 2003, para a reinauguração do Teatro Carlos Gomes. Eu me lembro de ter tido pesadelos: 'Ninguém quer musical.' 'Ninguém vai ao centro da cidade.' Quase enlouqueci. Quando estreamos, um sucesso. Um ano inteiro de casa cheia. Foi muito bacana aquilo para mim. Eu sou apaixonada por musicais. Tivemos no Brasil uma fase boa de musicais. Quando criança, eu assisti uma montagem com Marco Nanini e Marília Pêra. E desde então tenho paixão pelo gênero teatral. Depois ninguém mais fez musical. Após o sucesso da Ópera do Malandro, a Axion, junto com o Charles e o Cláudio, montou vários espetáculos, uns maiores, outros menores. Mas chegou um momento em que estávamos no nosso limite. Eu tinha uma produção muito bem-resolvida. O lado artístico também estava incrível. Só que não tínhamos marketing e negócios. Precisávamos de um sócio com esse conhecimento, que trouxesse isso, esse 'lado business'. Aí um amigo em comum me falou do Calainho. Eu não fazia ideia de que ele também gostava de musicais e estava pensando no assunto. Fui procurá-lo pelo currículo de empresário do entretenimento. E ele se interessou. Foi amor à primeira vista. **❞**

Meu primeiro encontro com Aniela, Charles e Cláudio se dá em novembro de 2006. Ao longo da conversa pergunto a eles: "O que montaríamos?" Aniela responde: "*A noviça rebelde*." Juro: meus olhos se enchem de lágrimas. *A noviça rebelde* foi o filme da vida do meu pai. Estreou quando minha família morava na Suíça, no ano em que eu nasci: 1966. Durante toda a minha infância, meu pai — Luiz Calainho — tocou o disco para mim e para minhas irmãs, Daniela Buono Calainho e Gabriela Buono Calainho. Nós adorávamos. Alguém segue crendo em coincidências?

Saímos da reunião já com a proposta fechada: montaríamos *A noviça rebelde* em um modelo de coprodução da Axion com a Showbizz, o braço da L21 criado para produção de eventos presenciais. Não fazia sentido casar sem namorar. Então optamos pelo namoro. Após o encontro, corro para a casa da minha mãe, Maria Helena Buono Calainho. Precisava contar que ia coproduzir o musical que havia sido a trilha sonora da nossa casa, da nossa história. Que prazer.

Começamos a trabalhar imediatamente na produção do espetáculo. E captamos o primeiro grande patrocinador, a Bradesco Seguros. Ressalto: a Bradesco Seguros é um imenso patrocinador de cultura em nosso país. Aliás, o maior do segmento. Certamente sem o apoio deles o segmento de musicais jamais seria o que é hoje no Brasil. Não posso, por cláusulas contratuais, abrir valores, mas o que investiram em nosso musical jamais havia sido visto pela Axion (a produtora da minha — naquela época — futura sócia Aniela). Em paralelo, resolvemos iniciar a produção também de *Beatles num céu de diamantes*, um espetáculo a que acabei assistindo 23 vezes. Não por trabalho, mas sim por prazer, pela preciosidade da montagem.

Repito, repito e repito: jamais resultado financeiro deve ser o objetivo final. Para esse espetáculo, bons resultados de patrocínio também foram obtidos. Minha atuação, porém, vai muito além da geração de negócios junto às grandes empresas patrocinadoras. Meu papel é agregar estratégias de marketing diferenciadas, desde atuação profunda na internet até atuação nos veículos de comunicação com um viés inovador e, claro, um modelo de assessoria de imprensa privilegiando também o segmento *trade*, buscando estabelecer no mercado que musicais podem sim ser uma importante plataforma de posicionamento e relacionamento de marcas, produtos e serviços. O teatro nunca havia feito isso. E isso é absolutamente fundamental. Os executivos de marketing, potenciais patrocinadores, deveriam entender que teatro era efetivamente um bom negócio para investir. Uma ótima plataforma de posicionamento. Além de *A noviça rebelde* e de *Beatles num céu de diamantes*, demos a largada também na produção de *7 o musical*, com Ed Motta participando nas composições das músicas. Em junho de 2008, estávamos com os três espetáculos em cartaz

Certo domingo, abro a *Veja Rio* e nossas produções estão lá, no topo da lista dos dez melhores espetáculos. Nessa ordem: 1º *A noviça rebelde*; 2º *Beatles num céu de diamantes*; 3º *7 o musical*. Decido: chegou o momento de abrirmos uma empresa, dar um nome ao nosso negócio, e trabalhar, trabalhar, trabalhar essa marca. O segmento de teatro tem baixa cultura de posicionamento de marca. E eu entendo, nesse instante, que temos que posicionar a marca da empresa por trás dos grandes musicais que estão transformando o mercado. Aniela e eu pegamos um avião e desembarcamos em Nova York com dois propósitos: amadurecer a ideia de construirmos juntos uma empresa e assistir a todos os musicais em cartaz na cidade. E lá, no coração da Broadway, no bar de um hotel, nasce a Aventura Entretenimento. Nenhuma outra palavra definiria melhor o que estávamos querendo fazer. Sem nenhuma dúvida, tratava-se de uma aventura transformar musicais de alto padrão em um negócio no Brasil, um país, aparentemente, sem tradição de musicais.

Aniela não esquece essa noite na América do Norte:

ᴸᴸ Fomos todos para Nova York. Vimos muitos espetáculos e juntos entendemos que realmente precisávamos de uma empresa, precisávamos da Aventura Entretenimento. A Aventura cresceu muito nesses anos. Abrimos a Aventurinha, para produzir teatro infantil. E agora inauguramos a Aventura Inventa, que vai produzir tudo que não for teatro: cinema, exposições... Brinco com o Calainho que a solução para nós agora seria criar uma máquina para nos clonar, porque são muitos projetos. O Calainho tem uma energia muito positiva e isso é muito estimulante. Ele pensa lá na frente... Eu diria que o Calainho tem o dom da visão. **ᴶᴶ**

A Aventura surge em cena (com mais um perdão pelo trocadilho) para uma vez mais contribuir para um desafiador processo de reinvenção. Tínhamos o conceito artístico bem-amarrado, muitíssimo bem-amarrado. E isso é a alma, sem dúvida. Mas, por si só, não basta. Era preciso consolidar a marca Aventura. Funciona assim: quanto maior o prestígio da sua marca no meio empresarial (grandes anunciantes e agências), maior o volume potencial de captação. Trabalhamos duro rumo a esse objetivo. Multiplicamos o faturamento por cinco em apenas quatro anos. No currículo, a Aventura já soma 11 espetáculos: *A noviça rebelde*, com 327 mil expectadores; *Beatles num céu de diamantes*, com 180 mil; *7 o musical*, com 40 mil; *Charlie e Lola*, com 80 mil; *O despertar da primavera*, com 52 mil; *Gypsy*, com 42 mil; *É com esse que eu vou*, com 34 mil; *Peixonauta*, com 25 mil; *Hair*, com 103 mil; *Um violinista no telhado*, com 210 mil; *Mágico de Oz* com 85 mil somente no Rio de Janeiro. Sem contar os ainda em cartaz e, claro, os que ainda virão!

Fazendo as contas, mais de 1 milhão de brasileiros saíram de casa e compraram um ingresso para assistir a um musical. Não é brincadeira, não. Pelo contrário, são muitas horas de trabalho, entrega e amor. Acima de tudo, amor.

Sentar-se no sucesso, porém, não é o próximo passo de um empreendedor. O tempo inteiro deve-se reinventar seu negócio. Sempre. Durante todo o tempo você tem que estar olhando e entendendo o seu negócio; e o tempo inteiro você tem que voltar a visão esférica para modificar e, então, acelerar. Transformar, transmutar. Enquanto a roda gira, percebo duas questões. Primeiro, eu enxergo que o grande gargalo do negócio teatro de alto padrão no Brasil é a falta de espaços físicos, é a falta de bons teatros. Seria como a Unilever ter a capacidade de produzir mas não ter supermercados para colocar os seus produtos. Faltam "prateleiras". Chegamos a um ponto em que tínhamos mais espetáculos e mais patrocinadores do que palcos para encenar. Vivemos esse drama diariamente, diga-se. Temos um problema grave de distribuição. Na outra ponta, entendo a necessidade de ampliar o assunto "musicais", trazer o gênero para uma pauta mais ampla com o objetivo de atrair mais consumidores, mais patrocinadores. Por isso, decidimos criar

> Funciona assim: quanto maior o prestígio da sua marca no meio empresarial (grandes anunciantes e agências), maior volume potencial de captação.

o "braço" Aventura Inventa. A missão maior é pensar formas de levar os musicais para além da fronteira dos palcos convencionais e também para o cinema. Neste momento, convidamos um executivo da Aventura que até então liderava as áreas de marketing e negócios para se tornar nosso sócio. Fernando Campos. Meritocracia pura. Competência e paixão. Este é Fernando Campos. Meu sócio.

Antes de listar os objetivos da Aventura Inventa, vou contar um caso emblemático quanto à falta de teatros no Brasil. Para botar no palco *A noviça rebelde*, tivemos que, literalmente, levantar um teatro. Aconteceu assim: queríamos um teatro com características técnicas adequadas para o porte do espetáculo. Onde? Não existe. Corre para cá, corre para lá: não tem, não existe no Rio de Janeiro. Um dia recebo um telefonema da Aniela: "Calainho, você conhece o Teatro Casa Grande?" "Claro", respondo. Durante toda a minha infância, minha mãe me levou ao Casa Grande. Aniela, então, me relembra a saga do teatro. Em 1966, ele é inaugurado. Durante a ditadura, torna-se palco da resistência. Em 1997, pega fogo. E os proprietários não conseguem reconstruí-lo. O teatro fica fechado. Com a chegada do Shopping Leblon à vizinhança, porém, o Casa Grande se beneficia. Os proprietários doam parte do terreno ao shopping e, em troca, ganham a obra de reconstrução da parte externa do teatro. O problema continua, no entanto. A casca está ok, mas não há equipamentos. Por equipamentos leia-se botar o teatro de pé: tudo, das cadeiras ao sistema de iluminação. Nós, a Aventura, entramos no negócio. E entramos para ganhar.

Lembro-me do dia em que adentrei o Casa Grande, depois de tantos anos: era alvenaria pura. Mas eu delirei. Disse: "Vamos botar isso de pé e estrear aqui." E assim foi. Rapidamente criamos um modelo de patrocínio e negociamos junto à Oi alguns milhões por dez anos. Nasce o primeiro teatro com *"naming right"* do Brasil: o Oi Casa Grande. E *A noviça rebelde* estreia para uma plateia de 927 pessoas.

Tempos depois, negociamos nossa participação junto aos sócios originais.

Mas, com muito orgulho, posso dizer que fiz parte da construção de um legado para a cidade do Rio de Janeiro. E claro, parte de mais um modelo de reinvenção.

Voltando à Aventura Inventa, ela nasce com foco em quatro áreas: viabilizar a construção de teatros físicos; pensar alternativas aos palcos convencionais; colocar os musicais em pautas mais abrangentes; e, por último, produzir exposições, cinema etc.

Neste momento muitas frentes estão em andamento. Mais uma em especial já foi posta de pé.

Uma aventura musical na Sapucaí.

Se nosso objetivo é ampliar a pauta dos musicais para pautas mais amplas, por que não revolucionar? Por que não ser absolutamente revolucionário? Uma ideia surge a partir de duas perguntas (se perguntem sempre!) "Qual o maior teatro do mundo?" O Sambódromo do Rio de Janeiro, obviamente. Trata-se de um teatro com capacidade para quase 90 mil espectadores! As pessoas não se atentam a isso. Mas não existe nada igual à Marquês de Sapucaí. Outra pergunta: "Qual o maior musical do mundo?" O Carnaval, elementar.

Então, afinal de contas, o que deve ser feito? Criar um enredo para uma escola de samba que conte a história dos musicais. É isso! O primeiro passo foi buscar uma escola que aceitasse o desafio. Mais uma vez: sincronicidade. Uma amiga, Fernanda Cortez, muito amiga do proprietário do bloco carnavalesco Spanta Neném — Diogo Castelão —, comenta que ele havia acabado de fechar um negócio com a São Clemente para gerir a marca da escola. Ela articula um encontro com o Diogo, exponho a ideia, e ele imediatamente se apaixona. Nós, então, levamos o presidente da São Clemente — Renato Gomes — para assistir ao musical *Um violinista no telhado*. Ele faz parte do maior musical do planeta e nunca tinha ido assistir a um espetáculo do gênero. Não sabia que fazia um musical, aliás. Deixamos o teatro com tudo acertado: a São Clemente (que faz parte do grupo especial das escolas de samba) levaria a história dos musicais para a avenida em 2012.

Criamos então o enredo *Uma aventura musical na Sapucaí*. E quanto aos investimentos necessários? De fato um imenso desafio foi captar recursos financeiros. Como conseguir patrocínio? Essencialmente, os grandes volumes de patrocínios obtidos por grandes escolas de samba são amealhados na negociação do enredo. Não queríamos negociar o nosso. Minha posição como empresário de cultura e entretenimento é irrevogável: o produto artístico será sempre soberano. Nosso produto artístico, neste caso, era contar a história dos musiciais na avenida. Isso era absolutamente inegociável. Num modelo clássico, então, não tínhamos algo vendável. E aí entrou a reinvenção. Mais uma vez, buscamos novos caminhos.

Nosso desafio era construir um mecanismo para que empresas tivessem interesse em patrocinar nosso negócio, certo? O primeiro fator contra nós era a questão de não ser permitida a exposição de marcas na Sapucaí. Já que não teríamos exposição para os patrocinadores na avenida, tornou-se primordial criar um modelo no qual os patrocinadores tivessem suas marcas em evidência. Elaboramos então um modelo com alguns pilares:

Primeiro pilar: a web. Já em novembro colocamos no ar um megaportal, com entrevistas, vídeos, reportagens, contando em tempo real a construção de um desfile. Quase um *reality show*. Nesse portal, entravam também, obviamente, os vídeos dos patrocinadores. Nosso ambiente na web tornou-se poderoso, com Twitter, Facebook e todas as ferramentas disponíveis. Ao mesmo tempo, o portal "marqueteou" o desfile e propiciou um espaço interessante para os patrocinadores, com grande visibilidade.

Segundo pilar: mídia. Começamos também no final de novembro a comprar mídia, ou seja, comprar espaços publicitários nos principais veículos da cidade. Com isso, entregávamos mais exposição para os nossos patrocinadores.

Terceiro pilar: quadra da escola. A partir de dezembro, uma série de eventos que nunca se viu numa quadra de escola, como noites temáticas, shows, bailes etc. A quadra da escola passou a funcionar quatro vezes por semana. Dentro da quadra, colocamos camarotes dos patrocinadores e expusemos as marcas.

Quarto pilar: ações promocionais pela cidade, com veículos adesivados circulando.

Quinto pilar: criamos dois conteúdos diferenciados que as escolas normalmente não têm. Criamos o Bloco dos Clementianos, que esquentava, mas não saía. E, na terça-feira de carnaval, tivemos o baile *Uma noite na Brodway*, nos moldes dos clássicos bailes de carnaval.

Resultado: construímos um modelo com cinco pilares que alavancaram o desfile e ao mesmo tempo expuseram em alto estilo as marcas dos patrocinadores: Skol, Gol e Sul America S&P.

A "química" foi perfeita. No final do dia, cumprimos todos os nossos objetivos: 1º A escola se manteve no primeiro grupo e ganhou imensa exposição na mídia. 2º O assunto musical entrou em pauta, com visibilidade gigante. 3º Obtivemos a maior captação já feita por um desfile sem negociar o conteúdo artístico.

Creio que, de certa forma, inspiramos outras escolas, na medida em que demonstramos ser possível construir um modelo de marketing que funcione para alavancar o enredo e, ao mesmo tempo, seja atrativo para a iniciativa privada. Saímos do modelo clássico e construímos um caminho inovador.

> Outro ponto é acreditar. Aliás, não acredito. Tenho certeza. Assim, você contamina as pessoas ao seu redor.

Gosto de refletir sobre tudo, sobre os quês e porquês, como as coisas podem ser reinventadas. Focar é ampliar, é entender as minúcias, é entrar nos detalhes. Tudo está tão veloz que seguimos atropelando. Não paramos para olhar. E olhar é simplesmente fundamental para um empreendedor. Algumas considerações básicas; o essencial é, certamente, ter um conteúdo de qualidade, de excelência. Nos meus negócios, mantenho a constante preocupação com conteúdo relevante, bem-pensado, artisticamente de peso. Sem isso, de nada adianta a melhor estratégia de marketing. Outro ponto é acreditar. Aliás, não acredito. Tenho certeza. Assim, você contamina as pessoas ao seu redor. Contaminamos o presidente da São Clemente. E, em cadeia, contaminamos a escola inteira. Estivemos na quadra e discursamos por 15 minutos. Os Clementianos se levantaram para apoiar a empreitada. No fim do dia, é isso: contaminação do bem, contaminação positiva. Focar, ampliar e contaminar, eis as questões fundamentais.

E assim foi. Milhões de brasileiros impactados. Musicais na pauta. Mesmo!

E logo após nosso desfile (segunda à noite), na terça de carnaval pela manhã, ao abrir o caderno de carnaval de *O Globo*, leio: "SAMBROADWAY". Lágrimas nos olhos.

Essa foi, e é, a nossa Aventura. Em 2013, depois de quase cinco anos (uma empresa ainda muito jovem), a Aventura já é a maior produtora de espetáculos musicais do país. Mas segue o sonho e a reinvenção. De algum tempo para cá decidimos voltar nossas baterias para a cultura nacional, para nossas tradições, artistas e talentos. Estreamos *Rock in Rio — o musical*, em uma sociedade com a família Medina (Roberto, aliás, um imenso reinventor!). Na sequência chegarão aos palcos *Elis — a musical, Se eu fosse você — o musical,* e ainda *Chacrinha — o velho guerreiro*. Afinal, quem não se comunica, se trumbica!

A Broadway que nos aguarde. De verdade.

INQUIETUDE

INQUIETUDE

CAPÍTULO5

5. INQUIETUDE

inquietude (in.qui:e.*tu*.de) *sf.* **1** Falta de quietude, de sossego. **2** Falta de tranquilidade; empolgação. **3** Agitação, excitação. [Do lat. *inquietudo, inis.*]

Dicionário da Língua Portuguesa Evanildo Bechara

inquietação *s.f.* **2** estado de preocupação, desassossego que impede o repouso, a paz, a tranquilidade; nervosismo **3** Ato de preocupar-se com o que está além dos seus conhecimentos, insatisfação intelectual SIN/VAR efervescência, excitação, frenesi, movimentação.

Dicionário Houaiss da Língua Portuguesa

inquietação [Do lat. Imp. *Inquietatione*] *S. f.* **1.** Falta de quietação; falta de sossego: "Caminhava lentamente, preocupado, sentindo no coração uma inquietação vaga." (Inglês de Souza, *O Missionário*, p. 189) **2.** Excitação, agitação: "Que inquietação a deste menino!"

Dicionário Aurélio da Língua Portuguesa

Gosto da imagem de uma bola de neve, mas uma bola de neve às avessas, que, ao invés de descer, ascende, e que, portanto, tem o céu como "infinito limite". A L21 participações é exatamente isso. Novas ideias, novos parceiros, novas histórias que vão se somando, se agregando e se fortalecendo. E ascendendo. Não vou discorrer detalhadamente sobre todos os negócios da *holding*, mas quero aprofundar mais um dos meus 12 empreendimentos, a Musickeria, uma, digamos, obra em progresso.

Há algum tempo, sentia-me inquieto com relação ao mercado fonográfico. Afinal de contas, parte fundamental do meu crescimento profissional se deu nesta indústria.

Atualmente não se investe muito em novos talentos e em quem já está na estrada há um tempo. As gravadoras nem de longe têm a força de anos atrás. E o mercado de música, outrora tão poderoso, se reduziu dramaticamente. Qual é o cenário atual? Garanto: paradoxal. Completamente paradoxal. Vamos lá: temos muitos artistas com nomes e carreiras estabelecidas, porém, sem uma estrutura por trás para deflagrar seus lançamentos. Temos pouquíssimos novos nomes acontecendo. Saudades dos anos 1990... A estrutura fundamental para fazer a máquina girar está debilitada. Por outro lado, nunca se ouviu tanta música. Ouve-se música no iPod, nos canais a cabo, no iPad, nas rádios virtuais, nos *smartphones*. Nunca na história ouviu-se tanta música.

Ao mesmo tempo, parte significativa das empresas tem a música como plataforma de posicionamento de marcas, produtos e serviços. O que quero dizer é que quando uma empresa define sua estratégia de marketing, ela define determinadas plataformas nas quais vai se ancorar para posicionar a si mesma ou seus produtos no mercado. Música é o *hit*. Para completar o cenário, nunca houve tantos eventos de grande porte no país. A volta do Rock in Rio é a comprovação de que a indústria da música está quente, fervendo, transbordando!

É paradoxal, mas as gravadoras vêm tentando alguns movimentos no sentido de expandir suas receitas, mas permanecem essencialmente no modelo clássico: contrata-se um artista, grava-se um CD e vende-se ele. Ponto. O modelo até então vencedor da indústria da música era: eu, gravadora, invisto no seu álbum e faturo com ele, e você, artista, ganha com shows. O problema é que a fórmula perdeu a validade. Por quê? O volume de vendas de CD caiu substancialmente. Pirataria física e pirataria digital. E claro, as vendas (lícitas) on-line/digitais ainda estão em processo de crescimento.

> As gravadoras vêm tentando alguns movimentos no sentido de expandir suas receitas, mas permanecem essencialmente no modelo clássico: contrata-se um artista, grava-se um CD e vende-se o mesmo. Ponto.

A verdade é que infelizmente as gravadoras não deram a virada em um momento-chave. No início do surgimento dos formatos digitais (1995/1996), elas deveriam sim ter abraçado o novo formato e, a partir daí, estimular o consumidor a um novo hábito: o de consumo digital. Ao contrário disso, elas decidiram se unir e combater a tecnologia (um fato emblemático foi a ação na justiça feita pelas grandes gravadoras contra o Napster).

Resultado: anos depois, se disseminou um hábito de consumo de música via web, porém sem pagamento qualquer.

Resumo: em vez de se perguntarem o que de fato vendiam (obviamente não formatos físicos como CDs e DVDs, mas sim, música), as gravadoras se agarraram ao passado. E o resultado? Está aí. De novo, portanto: sempre se pergunte.

Mas voltando aos dias atuais...

Com isso, as gravadoras não têm força para alavancar um trabalho. Portanto, o artista não encontra motivo para ficar atrelado a uma gravadora. Um círculo vicioso, ponto. O resultado é que, guardadas as exceções, novos talentos aparecem. Lembro-me dos meus tempos de Sony Music, em que o movimento era tsunâmico — de Daniela Mercury, passando por Planet Hemp, a Chico Science, Jota Quest, Cidade Negra, Gabriel O Pensador, Skank e tantos outros (e isso só na Sony!). Os novos talentos surgiam, surgiam e surgiam. Mais, gêneros até então regionais explodiam nacionalmente. De novo: por quê? Porque o volume de vendas beirava o astronômico. Com isso, as gravadoras investiam pesado nos lançamentos. E os artistas, por sua vez, explodiam. Nas décadas de 1980 e 1990, as companhias funcionavam como reais catalisadoras de talentos. E aí cabe uma fundamental observação: nem gravadoras nem executivos faziam um artista. Elas ou eles apenas potencializavam um dom. Um dom artístico. E por isso tinham poder. Esse tempo passou. Pelo menos com aquela magnitude.

> Em vez de se perguntarem o que de fato vendiam (obviamente não formatos físicos como CDs e DVDs, mas sim, música), as gravadoras se agarraram ao passado.
> Nem gravadoras nem executivos faziam um artista. Elas ou eles apenas potencializavam um dom. Um dom artístico. E por isso tinham poder. Esse tempo passou. Pelo menos com aquela magnitude.

O tempo passou. Fato. Porém, de novo, o modelo pode ser reinventado. Pode ser recriado. Pode ser transformado.

Sem romantismos ou clichês, o Brasil é, repito, um país musical. Essencialmente musical. Temos um manancial de talento artístico, de gente criativa, incomparável, nas mais diferentes cores, matizes e atitudes. Carrego a experiência da Sony e agora tenho agregada a ela a experiência dos musicais, com a Aventura Entretenimento. Para montar *Hair*, por exemplo, recebemos cinco mil candidatos nas audições. Tínhamos que escolher trinta. O que surgiu de gente talentosa nos deixou pirados. Digo isso para reforçar a tese: *o cenário para a indústria da música é genial, incrível, o melhor possível*. A questão está no modelo do negócio.

> O cenário para a indústria da música é genial, incrível, o melhor possível. A questão está no modelo do negócio. Cito aqui o gênio Walt Disney: "Gosto do impossível porque lá a concorrência é menor."

Inquieto com tal contrassenso, eu, então, me imbuo na caça por um novo modelo. Eu me imbuo, sim, na busca por novos rumos para a indústria fonográfica. E encontro. Pretensão? De fato. Ainda bem. Cito aqui o gênio Walt Disney: "Gosto do impossível porque lá a concorrência é menor."

A Musickeria é, em essência, um caminho de reinvenção do sistema. Não vou chamar a Musickeria de gravadora. Tenho absoluta convicção de que a palavra gravadora não lhe serve, está ultrapassada, é limitada para os tempos que estamos vivendo. É limitada para novos formatos. Ainda não encontrei uma palavra que abranja o negócio música hoje. Vamos chamar a Musickeria, por enquanto, de selo. É um *label*, porém, marcado por diferenças cruciais do que conhecemos como selo. De fato fazia um enorme sentido para mim, depois de um capítulo inteiro da minha vida executiva na Sony Music, partir em busca de um modelo revolucionário, um modelo que, de alguma maneira, pudesse trazer de volta talentos, projetos ambiciosos e revolucionários. Fazer, portanto, o mercado voltar a borbulhar. Como já disse, as *majors* (gravadoras multinacionais) fazem contratos por obras, gravam a obra, investem em marketing e vendem produtos físicos. Essa é a natureza do negócio. A Musickeria pretende ir muito, muito, muito além... Destrinchá-lo, no entanto, é complexo. Como já mencionei, trata-se de uma obra em progresso.

Vamos gravar conteúdo? Sim, vamos gravar conteúdo. E ele terá um suporte físico, porque existe e sempre existirá o consumidor que quer ter o CD, o DVD, o blu-ray na prateleira. Sim. Obviamente também vamos trabalhar um conceito profundo via veículos ou formatos de distribuição digital. Ou seja, estaremos presentes em lojas on-line etc. A turma jovem já nem vê sentido em comprar um disco inteiro, o que pode parecer muito estranho. Para alguém da minha idade, faz o maior sentido adquirir um disco completo. Para os mais jovens não faz sentido comprar 12 músicas se só gosta de duas ou três. É preciso, então, trabalhar a venda, música a música. Teremos a distribuição digital com formatos variados, desmembrando o produto de várias formas. A percepção de tudo, aliás, é oposta de quando eu era executivo de gravadora. A ideia da Musickeria em um futuro não muito distante é fazer com que a obra do artista seja dinâmica, nas duas pontas.

O que quero dizer com isso? O sujeito pode comprar uma música. E o artista também pode lançar só uma, duas, três músicas. Aquele mundo onde ele se trancava no estúdio e ficava meses gravando um CD tende a se reduzir. Criação dinâmica, obras dinâmicas, mundo dinâmico.

Tudo está tão veloz que o que se pensa hoje é diferente amanhã — e isso se reflete na produção, na obra. Por que ser obrigado a produzir 12, 14, 18 faixas? Não. A obra pode ir acontecendo, dinamicamente. Como se vê, na base, no cerne "oferta e procura", a Musickeria já nasce movendo as peças. Em uma palavra, começa a *revolucionar*: "Excitar a uma revolução ou revolta. Causar mudanças profundas."

Porém, o conceito Musickeria vai além... Não é na lei da oferta e da procura propriamente dita que vamos conquistar receita para alavancar carreiras, lançar novos baianos, novos pernambucanos, novos cariocas, novos paulistas etc. A venda direta (CDs, DVDs, blu-rays etc.) deverá representar algo em torno de 10% do faturamento do negócio. O mercado de venda de música se reduziu dramaticamente com a pirataria física e digital. Isso é fato. Hoje, aliás, nem se pode chamar *download* de pirataria. Tornou-se legítimo, foi legitimado pela tecnologia. Ainda que *seja* pirataria.

> O mercado de venda de música se reduziu dramaticamente com a pirataria física e digital. Isso é fato. Hoje, aliás, nem se pode chamar download de pirataria. Tornou-se legítimo, foi legitimado pela tecnologia. Ainda que seja pirataria.

Aqui entra a grande revolução da Musickeria: atrair a iniciativa privada, como já fazemos com a Aventura Entretenimento e outros negócios. Traduzindo: marcas patrocinando conteúdo e, com isso, associando seu nome a obras artísticas. Plataformas de relacionamento se utilizando de música. De criação. De arte. Novos formatos de marketing, atrelados a produção de conteúdo, são essencialmente o que se pode chamar de marketing contemporâneo. A iniciativa privada injeta recursos enquanto nós trabalhamos o artista e/ou o projeto. E, quando ele estourar, alavanca consigo o nome da empresa. Para as gravadoras clássicas, o dividendo vinha — e ainda vem — da venda direta do formato físico. Para a empresa em questão, o dividendo virá em forma de posicionamento de marca, de imagem. Faço em média seis reuniões por dia com grandes anunciantes. Eles já entenderam que é preciso encontrar formas diferenciadas de se relacionar com os seus consumidores. E música está no topo da lista. E a Musickeria passa a ser o caminho viabilizador, o veículo condutor deste relacionamento por meio da música.

Imagine o cenário: empresas se apropriando do mercado de música, investindo e fazendo acontecer os artistas já consagrados e os artistas que estão porvir? Sob o ponto de vista de marketing empresarial, é ou não é bárbaro? No modelo Musickeria, a empresa torna-se, entre aspas, alavancadora do artista. Ou do projeto. Ela carrega o crédito por impulsionar carreiras estabelecidas, lançar gente nova e ainda viabilizar ambiciosos projetos. Olhe para trás: se o Skank, por exemplo, tivesse acontecido sob a bandeira de uma empresa, qual teria sido o ganho desta companhia? Gigantesco, incalculável, imensurável... O nome dela estaria no CD, no palco, em todo o material promocional da banda, na mídia... Obviamente a Musickeria oferece um pacote, uma campanha integrada e inteligente, para fazer acontecer tanto o artista quanto a empresa. Juntos, na mesma proporção. Somos o *label* que vai operar tudo. Sem modéstia, é essencialmente muito mais profundo do que os formatos de mídia clássica, tradicionais.

Quando você assiste a uma propaganda na televisão, você é impactado pela mensagem. OK. Quando você vê o nome de uma empresa associado a um conteúdo editorial, o impacto é mais eficaz. Mais emocional, inclusive. Ou, no mínimo, complementa a publicidade. Mas acima de tudo, são empresas transcendendo, indo além da mensagem publicitária que se exaure em si mesma. São empresas oferecendo cultura, conteúdo, experiência. Empresas, portanto, contribuindo efetivamente para o crescimento individual das pessoas e coletivamente do país. É ou não é "ganha-ganha"?

"Conteudizar", uma palavra (não existe no dicionário) de ordem. Contemporânea. Tudo está se inserindo no mesmo campo semântico. Quando, por exemplo, a Gol tem a *Revista Gol* ou o Bradesco investe na rádio Bradesco Esportes FM, estamos falando do conceito de "conteudização". Ou seja, empresas se apropriando de conteúdo. No caso da Musickeria, avançamos nesse conceito. A empresa, muito além de se apropriar de conteúdo, vai lançar conteúdo, promovendo o surgimento de novos talentos. Ou alavancando grandes projetos. O chamado *branded content*. Ou marketing editorial. Uma entrada profunda e visceral do marketing na seara do conteúdo.

Mas como vender esse peixe? Eis a questão. O modelo da Musickeria é algo inédito, portanto convencer uma empresa a comprar a ideia é, sim, uma questão. Um desafio. Tenho história, estrada, bagagem. Foram dez anos de Sony Music, nos melhores anos da companhia, quando um artista vendedor emplacava milhões de cópias. Hoje, os vendedores não ultrapassam 150 mil cópias (com raríssimas exceções). A experiência me abre portas. Com a Aventura Entretenimento, foi assim, prestígio associado a entrega em alto nível. Confiança. O teatro no Brasil encontrava-se em certo patamar, fechado num circuito relativamente pequeno de público. Chegamos e arrebatamos a iniciativa privada, dizendo: "Olha aqui, essa é um excelente oportunidade para você se posicionar." As empresas confiaram. E o resultado tem sido grandes montagens e bilheterias jamais vistas na cena do teatro nacional.

É um fato: quando acredito em uma ideia, eu a vendo.

Empreender é vender. É negociar. É convencer. Mas acima de tudo se apaixonar. Para irradiar paixão para os outros. A essência do sucesso daquele que empreende está relacionada à paixão que tem pela própria ideia. E costumo dizer que não acredito somente nas ideias, tenho certeza delas. E me sento para negociar munido desse sentimento poderoso: a certeza. Não acho ou acredito. Tenho *certeza*.

De volta ao modelo Musickeria.

Entrar na seara dos licenciamentos. As gravadoras sempre se mantiveram à parte desse mundo, de olhos fechados. Não atentos. Se você tem um artista como o Jota Quest no seu *casting,* por que não deter o poder de licenciar produtos com a marca desse artista? Isso nunca fez sentido para mim. As gravadoras cerraram-se na filosofia do CD debaixo do braço. A Musickeria, não. Com licenciamentos, você gera receita, que é reinvestida no próprio artista e na caça por novos nomes e novos projetos — retroalimentação da máquina. Pretendemos também atuar no segmento de shows, pouco incentivado pelas gravadoras. Na medida em que você constrói a carreira de um artista junto com ele, lado a lado, você tem que estar ali, no palco também. Shows são uma fonte de receita importante para manter a máquina funcionando. Enfim... A Musickeria vai, mais do que reinventar o sistema, quebrar tabus arraigados da indústria fonográfica. Desconstruir para transcender.

> A essência do sucesso daquele que empreende está relacionada a paixão que tem pela própria ideia. E costumo dizer que não acredito somente nas ideias, tenho certeza delas.

Nosso primeiro grande projeto, já lançado, é o Samba Book, um resgate de grandes compositores do samba brasileiro. O primeiro deles: simplesmente João Nogueira — suas mais representativas músicas interpretadas por grandes nomes do samba e da MPB, entre eles: Beth Carvalho, Djavan, Zeca Pagodinho e Seu Jorge. Um projeto multiplataforma composto de dois CDs, DVD, blu-ray, um livro discobiográfico (a história de um compositor contada por meio de seus discos), um fichário de partituras e um imenso ambiente tecnológico (portal, redes sociais, aplicativos etc.).

O patrocínio *master* — "apresentação" — é da Petrobras, tendo uma cota de patrocínio também do Itaú. Para as duas empresas, o marketing contemporâneo se dá na medida em que se apresentam como as empresas que resgataram compositores e obras importantes do samba.

Como dito anteriormente: modelo de marketing que transcende ao discurso somente publicitário. Modelo de marketing que oferece à sociedade algo em troca. Neste caso, cultura e educação. Empresas, portanto, socialmente responsáveis, engajadas e sustentáveis. Não tenho dúvida, o caminho das empresas que se pretendem vencedoras, certamente passa por contribuir de forma efetiva para a sociedade. Para o país.

Mas voltando ao modelo: o orçamento por projeto é de R$1,7 milhão. Um nível de investimento que somente se viabiliza graças à iniciativa privada. Uma gravadora atuando no modelo clássico não gera rentabilidade para investimentos de tal vulto. Com apenas venda direta do produto, a conta não fecha. Esquece. Por isso, a Musickeria. Por isso, um novo modelo de negócio. Por isso, música como plataforma de relacionamento para marcas, produtos e serviços. Por isso conteúdo a serviço de formatos contemporâneos de marketing. Tudo isso com muita vontade de fazer a máquina girar de novo e reinventar a indústria da música. O Brasil precisa voltar a potencializar talentos, mas estamos vivendo um imenso hiato.

Voltemos às décadas de 1970, 1980 e 1990. Os anos 1970 ferveram com a Tropicália; os 1980, com o nascimento do rock nacional; e os 1990 foi uma soma de tudo, do pop ao *manguebeat*. A Musickeria, de alguma maneira, irá reprogramar o paradigma, e não tenho dúvida de que daqui a três, quatro, cinco anos estará implementando um novo modelo, um novo formato — bola de neve, subindo e subindo. Viva a música brasileira!

O primeiro passo de um empreendedor para chegar a um projeto assim é olhar para determinado cenário e se perguntar como é possível reinventar isso. Mas, antes de fazer essa pergunta, trata-se de acreditar que é possível fazer diferente, que é possível reconstruir, reinventar. Que é possível transcender pessoal, profissional e empresarialmente. Basta acreditar e ter vontade, e, a partir daí, construir um novo cenário que faça sentido no tempo e no espaço.

> Não existem fórmulas prontas e lineares - quando uma ideia nasce, ela toma rumos próprios, contamina-se com o entorno, circula no ar sujeita às intempéries da natureza. O mercado está ávido por ideias inovadoras e desafiadoras. Um grande negócio é aquele em que você reescreve a história, reconstrói o já feito.

Não existem fórmulas prontas e lineares — quando uma ideia nasce, ela toma rumos próprios, contamina-se com o entorno, circula no ar sujeita às intempéries da natureza. O mercado está ávido por ideias inovadoras e desafiadoras. Um grande negócio é aquele em que você reescreve a história, reconstrói o já feito. A grandeza de um novo conceito é diretamente proporcional às suas peculiaridades e a seus desafios. Quanto menos receita de bolo, mais criativo o resultado. Não que modelos clássicos não funcionem. Podem funcionar. Mas se a ideia é fazer história... o caminho é fazer diferente. Não tenha dúvida, quanto mais na contramão, quanto mais fora da caixa, melhor. Garanto.

Não à toa a L21 é a tal bola de neve, que sobe e tem o céu como — único — limite. Para o alto e avante.

ORGULHO

CAPÍTULO**6**

6. ORGULHO

orgulho (or.*gu*.lho) *sm.* **1** Sentimento de satisfação pelas próprias qualidades ou ações ou pelas de outra pessoa. **2** Admiração exagerada por si mesmo; imodéstia, soberba. **3** Grande valorização da própria dignidade, dos próprios princípios; altivez, brio. **4** Aquilo ou aquele de que(m) se tem orgulho.

[Do espn. *orgullo*.]

Dicionário da Língua Portuguesa Evanildo Bechara

orgulho *s.m.* **1** sentimento de prazer, de grande satisfação com o próprio valor, com a própria honra. SIN/VAR amor-próprio

Dicionário Houaiss da Língua Portuguesa

orgulho. [Do frâncico *urgulli*, 'excelência', do esp. *orgullo*.] *S. m.* **3.** Aquilo ou aquele(s) de que(m) se tem orgulho: *Oswaldo Cruz é um orgulho da nação; Aqueles rapazes são o orgulho dos pais.*

Dicionário Aurélio da Língua Portuguesa

Como se faz para cuidar de tantos negócios, tantos sócios, tantas reuniões, tantos parceiros, tantos investidores, tantas ideias e, além de tudo isso, de si mesmo? Confesso que ouço com regularidade essa pergunta. Com o volume de negócios crescendo como bola de neve — uma bola de neve do bem —, descobri que só havia uma pessoa a quem recorrer para responder a essa pergunta: eu. Há alguns anos venho promovendo uma total reinvenção de mim mesmo. Que prazer se reinventar. Tenha certeza. É possível. É viável. É espetacular.

É um ponto que de tão óbvio parece tolo, mas está longe de ser. É fundamental nutrirmos imenso orgulho do jeito e da forma que cuidamos de nós mesmos. São três pilares vitais: o físico/biológico, o psíquico e, por fim, o espiritual.

Nosso corpo, mente e espírito são nossos bens maiores. Sem eles em harmonia, nada feito. Portanto, pergunte-se: "Como estou cuidando de mim? Estou orgulhoso do jeito que me trato?" Mas pergunte a vera. Pergunte sem medo de ouvir a resposta verdadeira. E, dependendo dela, transforme, mude, recrie. O mundo externo é reflexo direto do que há dentro de nós. Se houver serenidade, encontraremos serenidade. Se houver, gentileza, encontraremos gentileza. Se houver amor, encontraremos amor.

Divido aqui com vocês por que tenho imenso orgulho do jeito que me trato. São essencialmente sete movimentos, que objetivamente aplico na minha vida. A cada dia. A cada semana. A cada mês.

Lembrando que o indivíduo mais importante da sua agenda é você. Portanto, a expressão "não tenho tempo..." deve ser, por favor, esquecida.

Sete passos, perseguidos com afinco:

1. O sono. Meus dois quartos, em São Paulo e no Rio, são templos, onde não entram equipamentos eletrônicos. Televisão, nem pensar. Durmo de sete a oito horas todas as noites. Bem-dormidas. Assim, eu me revitalizo, me harmonizo, me completo.

2. Alimentação. Sou um consumidor voraz de frutas, verduras e legumes. Consumo também suplementos e alimentos probióticos, os que contêm as boas bactérias. Um ponto vital: é necessário quanto à alimentação que tenhamos imenso prazer em consumir aquilo que nos faz bem. E, ao mesmo tempo, a certeza absoluta de que o que não nos faz bem não deve ser consumido. Porque aí não há prazer. Portanto é uma questão de crença e confiança, de amor a si mesmo.

3. Movimento. Uma vida sedentária é catastrófica. Arrastada. Ancorada. Nos afasta da nossa própria construção biológica. Corro na praia, mergulho e frequento academia. Mas assim como na alimentação é necessário cambiar o modelo mental. Não me movimento meramente por uma questão física, estética, mas essencialmente por conta da minha mente. Um imenso benefício psíquico e espiritual. Resultados estéticos. Ótimo. E uma excepcional consequência.

4. Aí já começamos a aprofundar. Meditação transcendental. Tive o privilégio de descobrir essa técnica há alguns anos. Medito 25 minutos de manhã e 25 minutos à noite. Buscando algo grandioso, poderoso e revitalizador: o nada, o vácuo. Você realmente se esvazia e se alimenta. De muita, muita energia.

5. Shiatsu. Uma vez por semana. Estou em desacordo com a medicina da doença. Sou partidário da medicina preventiva, da medicina da saúde. Esse conceito, aliás, é a base de toda medicina oriental. Sessões de shiatsu reequilibram e promovem fluidez no caminho das energias dentro do nosso corpo e mente.

6. *Só tomo banho frio.* Seja qual for a circunstância. Uma oportunidade diária que temos que abrir — mesmo — para nosso corpo, nossa mente e nosso espírito para o universo.

7. *Contato com a natureza.* Aquela máxima de que somos nós e a natureza é de um egocentrismo imenso. Nós somos a própria natureza. Não fazemos parte dela. Somos ela. É, sim, fisiológico sentir o sol, mergulhar, olhar a lua, pisar na areia, na terra. Ver estrelas. Atitudes que nos dão a dimensão exata de que fazemos parte de um universo divino. Eu me comunico sempre com a natureza.

Chamo o somatório desses sete caminhos de "pajelança". Adoro essa palavra. Pajelança: "Conjunto de rituais realizados por um pajé com fins específicos, como cura, previsão de acontecimentos, apropriação de potências sobrenaturais etc." Para fazer o que eu faço é necessário, sim, tornar-se um pajé de si mesmo e adquirir — metaforicamente falando, claro — potências sobrenaturais. Elas acontecem. Podem confiar.

Não, eu nem sempre fui assim. Nem sempre cuidei de mim. Já fui dado a exageros. Muitos exageros. É importante que se diga isso porque estamos falando de reinvenção da vida em todos os níveis, do profissional ao pessoal, da pessoa jurídica à pessoa física. O meu processo de transformação pessoal começou impulsionado pelo trabalho, pela quantidade de coisas pipocando aqui e acolá, da minha necessidade de ter energia para tocar tudo. E também da percepção clara de que era preciso também *cuidar* de mim. Em todos os níveis. De novo, o propagado conceito dito aqui: o tempo inteiro devemos nos perguntar, o tempo inteiro devemos nos colocar em zonas de desconforto e o tempo inteiro devemos procurar o processo evolutivo. Não existe essa história de "Eu sou assim ou eu sou assado"; discordo visceralmente da inércia. O ser humano possui a imensa capacidade de evoluir. Existe, sim: "Eu estou assim e posso me transformar na hora que eu desejar, a energia vital depende de mim, e tão somente de mim." Nossa capacidade de evoluir, aliás, é infinita. Esse é um ponto mágico em nossas vidas. Alquimia pura! Dependemos apenas da nossa disposição. Da nossa vontade. Com as práticas que introduzi no meu dia a dia, potencializo à enésima potência minha produção. Minha capacidade de criar. Minha capacidade de desconstruir e reconstruir. Minha capacidade de perceber. E, fundamentalmente, minha capacidade de amar. De oferecer gentilmente amor para o mundo. Sempre.

> O tempo inteiro devemos nos colocar em zonas de desconforto e o tempo inteiro devemos procurar o processo evolutivo.

Importante: de monge, não tenho nada. Não vejo a menor graça em ficar preso em um monastério "flutuando" em posição de lótus. O que obtenho seguindo minhas leis é absolutamente terreno, palpável, concreto. Pragmático. Consigo alta performance, seja no trabalho, na relação com os amigos, na relação familiar, na relação amorosa. Na vida.

Pajelança *versus* tempo, uma questão. Já falei sobre isso. Se abrir a minha agenda e analisar a quantidade de compromissos que tenho, certamente não há espaço para academia, meditação, natureza, sono... Nada. Mas me pergunto: o que há de mais importante na minha vida? E a resposta é: eu. E nada de egoísmo nisso. Se não houver tempo para mim, nada mais importa. E tudo se torna dispensável, supérfluo, descartável. Baseio-me em matemática para compor essa equação: Pajelança + tempo. Não gasto tempo cuidando de mim. Invisto tempo. Não é uma conta de subtrair. É uma conta que multiplica.

O que quero dizer? Estou dizendo que por meio das práticas que adotei me potencializo em determinado nível que a produção prática aumenta consideravelmente. Ao investir esse tempo em mim, consigo alta performance nas horas em que preciso estar agindo funcionalmente, em todas as dimensões. Algumas pessoas me dizem que não têm tempo para essas coisas. Tolice, repito. O que uma pessoa rende se tratando mal é infinitamente menor do que o que ela potencialmente pode render se cuidando. Simples assim. Cuidar de si mesmo é: assertivo, matemático, prático e objetivo. Agindo pelo meu bem-estar, *ganho* tempo. Potencializo tempo. Potencializo *vida*.

> Cuidar de si mesmo é: assertivo, matemático, prático e objetivo. Agindo pelo meu bem-estar, ganho tempo.

Olhando a mesma história por outra ótica: pare para pensar como está o mundo hoje. Pensou? Cuidar-se é simplesmente fundamental. Vivemos a era dos ansiolíticos, dos reguladores de humor, dos consultórios de psiquiatria, dos remédios para amenizar o estresse. Das tarjas pretas. Vivemos tempos de falta de energia e excesso de infelicidade, porque o mundo ao redor exige, exige e exige. Adotar práticas naturais e saudáveis é a contramão. É a reinvenção!

Há alguns anos, percebi claramente isso: preciso encontrar mecanismos para cuidar mais de mim, preciso aumentar a minha performance, preciso de um estoque de energia para dar conta dos negócios. Dos amores. Da minha família. Da minha vida. Alguns anos atrás, comecei efetivamente o processo. E fui aperfeiçoando... Continuo aperfeiçoando. Como eu disse, o processo evolutivo é infinito. Vou traçar aqui um paralelo. Para conquistar alta performance, um atleta precisa se preparar. Ele treina e treina. Qual o objetivo do treinamento? Conseguir resultados. Na vida é exatamente assim. Óbvio, não? Precisamos também treinar para obter alta performance. E consequentemente conseguir resultados. Baseio-me em quatro pilares: vida emocional, vida familiar, vida profissional e vida social. Para conseguir estar bem nesses quatro campos, só há uma maneira: estar bem comigo mesmo. *Acima de tudo.* É muito importante ter em mente sempre: tudo que acontece conosco é fruto das nossas próprias ações.

> Nós podemos nos fortalecer do ponto de vista biológico, fisiológico e espiritual, é assim que entendo a vida, acima de tudo; devemos naturalmente buscar serenidade - nosso estado natural deve ser o estado de alegria e exuberância de vida.

E quanto as minhas crenças espirituais; vamos falar de Deus? Não do Deus árbitro, que fica sentando em seu reino julgando as nossas ações, apitando o jogo. Para mim, Deus está presente em cada um de nós. E, ao mesmo tempo, cada um de nós é uma célula do Todo-Poderoso. É a chamada teia da vida, a chamada Teoria de Gaia (segundo a qual a Terra, nossa Terra, é tratada como um organismo vivo, que de fato o é). O universo, Terra incluída, está linda e poeticamente interconectado. O todo é absoluto. Não há partes. Cada montanha, cada galáxia, cada cristal, cada estrela, cada rio, cada meteoro, cada lago, cada planeta, cada animal, cada ser humano. Todos interconectados e partes intrínsecas deste todo divino chamado: Deus. Há todo. Na terra e no universo.

E nós seres humanos, somos tão importante para esse todo quanto uma planta, um mineral ou uma árvore. Conscientizar-se disso é o primeiro passo para dar a largada para uma vida com exuberância, luz, brilho, energia... As pessoas se queixam, se angustiam. E não percebem que podem se transformar porque, simplesmente, têm Deus dentro de si. Nós podemos nos fortalecer do ponto de vista biológico, fisiológico e espiritual. Acima de tudo, entendo a vida desta forma: naturalmente devemos buscar serenidade. Nosso estado natural deve ser o estado de alegria e exuberância de vida. Serenidade: "Que tem ou demonstra calma, tranquilidade." Descartar angústia, tensão, loucura da mente. E estar sereno. Atenção, aliás, com nossa mente. Devemos tomar cuidado para não conjecturar constantemente a respeito do passado e do futuro, e deixar o presente, o que de fato há, de lado. Incrível não? Às vezes estamos em uma praia linda. E a cabeça maquinando, longe dali. Isso é insano. Só com serenidade é possível manter a cabeça onde o corpo está. *Mente onde o corpo está. Percebe?* Presença, a grande busca. Firmeza no agora. Temos, sem dúvida, o poder de conquistar o dom de estar presente, o dom da serenidade.

> Venho me reinventando, todos os dias, a cada dia, a cada minuto. Como comentei, já tive um tom bem exagerado. Fui descobrindo novos caminhos guiado pela curiosidade e pela necessidade de energia e amor.

Venho me reinventando, todos os dias, a cada dia, a cada minuto. Como comentei, já tive um tom bem exagerado. Fui descobrindo novos caminhos guiado pela curiosidade e pela necessidade de energia e amor.

Um ponto que gostaria de destacar é o fato de que tenho hoje absolutamente claro que os pais devem ter essa filosofia de vida, a filosofia da saúde em todos os níveis como um dos pontos fundamentais, se não o mais importante, na educação de uma criança. Se tivesse a oportunidade de aprender sobre essas coisas tão profundas e tão verdadeiras anos atrás, no ambiente familiar e, claro, no escolar, certamente estaria em outro ponto da minha evolução, não tenho a menor dúvida disso. Fui descobrindo ao longo da estrada, sozinho, juntando as pontas, observando, procurando leituras e — principalmente — sentindo o meu corpo, minha mente, meu espírito. As famílias devem ter isso em absoluta pauta. E as escolas também. Mas pra valer! Não importa que religião você siga. Não vou entrar em questões religiosas porque respeito todas elas. O que importa é que a atenção com a espiritualidade não tem nada a ver com dogmas, doutrinas. É a religião interna, você com você. Ali, cara a cara, frente a frente. Potencializar a grandiosidade do Ser... Assim encaro essa estrada de cuidados pessoais.

Tenho pensado muito sobre filhos. Quero ser pai. O que vejo são pais enquadrando os filhos no *status quo*: "Você não pode isso, você não pode aquilo." Muito "não pode" e pouco "pode". Podemos tanta coisa: podemos promover o nosso autoconhecimento. Podemos promover a nossa evolução física e espiritual. Podemos produzir. Podemos compartilhar. Podemos amar! A educação do "não pode" não me convence. Não inspira a mim nem a ninguém. A infância e a adolescência são períodos vitais na formação de um ser humano. Educarei essencialmente meus filhos mostrando o que eles *podem*... E não o que *não podem*.

Sem dúvida a paternidade será meu maior desafio, e espero que a minha maior obra. Acredito ser possível contribuir efetivamente para a formação de um ser humano digno, orgulhoso de si mesmo, ético e acima de tudo amoroso com o universo. Se você consegue transmitir para uma criança a noção de que ela é Deus, pois está inserida no universo, no Todo-Poderoso, ela cresce ética, saudável, divina. Não fará nenhum sentido para ela derrubar uma árvore, porque estará derrubando parte de si mesma. Não fará sentido deixar a torneira aberta, porque estará escorrendo pelo ralo junto com a água, pois também é água. Não fará qualquer sentido comportamentos agressivos e egoístas, pois ser assim com os semelhantes, vegetais, animais e minerais é ser assim consigo mesmo. O ser humano, as sociedades caminharam para um modelo hermético, cartesiano, cheio de regras. Não sou anarquista. Acredito na necessidade de formatos. Mas também acredito na necessidade de promover mais liberdade, mais debates, mais aprofundamento... imaginando que, sim, podemos construir um mundo infinitamente melhor.

Quero aqui reforçar o que mencionei no início deste capítulo. Volto, portanto, aprofundando minha pajelança. Meus caminhos.

Antes de mais nada, "atitude" é a palavra: "Modo de responder ou se comportar; reação. Maneira de agir; comportamento. Comportamento determinado por disposição interior; personalidade." Para atingir o propósito, então, atitudes no dia a dia fazem-se necessárias, determinantes.

O primeiro ponto é o *sono*. Incrível como as pessoas negligenciam o próprio sono. Dormir é sublime. É aí que restabelecemos as forças do organismo. Todo o sistema imunológico se reconstrói, se fortalece, na cama. E é nesse momento que diminuímos a atividade cerebral. Em resumo: descansamos.

Nada é mais importante para um indivíduo do que descansar, seja ele quem for. Nosso quarto tem que ser como um templo, um templo sagrado para que possamos nos encontrar com o nosso Eu divino. Nada de aparelhos eletrônicos no quarto. Assistir televisão para pegar no sono é uma sandice. *Loucura*. A TV promove no cérebro ondas sonoras e visuais, que eletrizam a mente e pioram imensamente a qualidade do sono. O quarto precisa ser confortável, harmonioso, livre de energias estranhas. Meus dois quartos, como já mencionei, em São Paulo e no

Rio, são verdadeiros templos. Durmo em média oito horas por noite. Leio um pouco, vinte minutos no máximo, e adormeço. Amo ler antes de dormir. Isso proporciona um sono sereno, um sono do bem. Televisão parece tranquilizante. Mas é hipnotizante. Outra coisa que não entendo é o sono à base de remédios, o sono forçado, o sono químico. Isso é loucura absoluta e total. Tire a TV do quarto, pelo amor de Deus. E tente se livrar dos remédios com práticas saudáveis. Quem dorme mal, acorda mal. Simples assim.

Alimentação: lembre-se de que ela é o seu combustível. E nada de muito sofisticado, estou falando do básico: ingerir frutas, verduras, legumes, grãos. Como é possível ter um corpo saudável, cheio de energia, se você se alimenta de porcarias, se o seu combustível é de má qualidade? Vitalidade, velocidade de raciocínio, capacidade de ação, tudo isso depende do que você come. Para mim, isso é tão evidente. Às vezes faço testes: quando uma pessoa está reclamando demais da vida, pergunto o que ela come, e a resposta muitas vezes está relacionada com comidas que pesam, que exigem do corpo um esforço desumano para serem digeridas. Reinventar a alimentação, portanto, é crucial. Não caia no truque da rapidez, da comida fácil. O mundo está assim: veloz, instantâneo, desumano... Mas nós não precisamos entrar nessa. Todos sabem o que faz bem e o que faz mal. Evidente que o ideal é ter um nutricionista. Que, aliás, tive e tenho o privilégio de ter. Seu nome: Carolina Ribeiro, minha pós-esposa (em meu próximo livro me explico!), uma profunda conhecedora dessa imensa ciência que é a nutrição. Sem nenhuma dúvida, Carol é parte fundamental em meu crescimento. Que competência. Que amor e paixão pelo que faz. Exemplo.

Costumo dizer que a nutrição é a medicina que transcende, a medicina do futuro. A medicina da saúde. Óbvio, não? Nada mais contemporâneo do que alimentar-se bem. Precisamos ir em busca da medicina da saúde, e não da medicina da doença. Uma ressalva: não estou aqui sendo radical, pregando o vegetarianismo, nenhum "ismo". Nada é proibido. Cada pessoa encontra o seu caminho. O caminho, no entanto, precisa ser de atenção àquilo que se ingere: isso me faz bem ou mal? Felicidade e serenidade são diretamente proporcionais ao que se come.

Outro ponto crucial: *movimento*. Desde que o mundo é mundo, desde que o ser humano é ser humano, fomos construídos para nos movimentar. Com o desenvolvimento dos confortos tecnológicos nos tornamos seres sedentários. Isso é um desastre. Movimentar-se é biologicamente vital. Acredito no seguinte, abrindo um parêntese: quanto mais próximos da natureza, da nossa natureza, mais felizes. Quanto mais distantes, mais infelizes. A natureza do ser humano é comer o que nasce da terra, dormir bem e se movimentar. Quando digo que é ruim dormir às três da manhã vendo televisão estou simplesmente me baseando no tempo em que o ser humano vivia em tribos e dormia com o pôr do sol e acordava com o nascer dele. Isso é natural. Aproximar-se da origem é o que traz serenidade e felicidade. Acredito nisso, sem duvidar, sem questionar.

Preste atenção no barato que pode ser tentar se aproximar o máximo possível da sua biologia, do mundo primário, regido pela natureza do ser. Ninguém foi construído para entupir-se de frituras, açúcar refinado, alimentos industrializados. Ninguém foi construído para ficar sentado no sofá com o controle remoto nas mãos. Evidente que a ideia não é se tornar um eremita e voltar para a caverna. Mas usar o bom senso, o instinto, a auto-observação.

Adoro me movimentar. Exercitar o corpo mexe com o fluxo sanguíneo, mexe com a respiração, faz a roda girar, te deixa fluido, com todas as engrenagens funcionando. Olha que círculo dramático: o sujeito dorme mal, acorda cansado, alimenta-se de porcarias, vai para o trabalho exausto, chega em casa exausto, toma uma cerveja, e dorme mal novamente. Trágico. Movimentar-se não custa nada. Correr, ir à academia, dar um mergulho no mar, uma volta a pé na praça, uma caminhada no parque. Qualquer coisa. "Brinde" seu corpo com movimento. Ele agradece.

Muitos dizem: odeio fazer exercícios. Bobagem. Todo mundo é capaz de encontrar alguma coisa de que goste, que dá prazer, basta procurar. Às vezes chego em casa nove, dez horas da noite, depois de um dia que começou às oito da manhã, e vacilo: "Estou cansado, vou ficar aqui quieto." Mas aí penso: "Nada, vou para a academia." Concentro-me no bem que vou promover para mim mesmo, em como as células do meu corpo vão ficar "felizes" se eu der esse presente a elas. Pego a mochila e saio veloz. Exercitar-se é um presente para o corpo, uma dádiva.

Minha rotina é mais ou menos esta: acordo sete da manhã, enfrento de oito a dez horas de trabalho e, à noite, academia. Cada indivíduo tem a sua fórmula, o seu funcionamento. Eu gosto assim. E, nos finais de semana, corro na praia, mergulho, viajo, exploro a natureza.

Minha grande descoberta na caminhada, na cruzada por uma vida serena e transbordante de energia, foi a *meditação transcendental*, anote esse nome. Carregado pela minha irmã, adentrei a Sociedade Internacional de Meditação, entidade criada para a difusão da meditação transcendental conhecida como MT. A MT começou a ficar famosa em 1967, quando os Beatles cruzaram o caminho do mestre indiano, vindo dos confins do norte da Índia, Maharishi Mahesh Yogi (1918-2008).

Com o guru, eles viajaram pela Europa e pelo Estados Unidos e foram aos Himalaias, numa época em que não eram comuns viagens para lá. Milhares de pessoas os seguiram, e a Meditação Transcendental virou um *hit*. Paul McCartney e Ringo Starr ainda carregam a bandeira, além de outros nomes conhecidos, como Mia Farrow, Mikhail Gorbachev e David Lynch.

Maharishi foi, digamos, um empreendedor da espiritualidade. Ele desembarcou no Ocidente em 1958, no amanhecer dos anos 1960. Era um sujeito cabeludo e barbudo, de 40 anos, formado em física, oriundo de "alta casta" indiana, que havia passado duas décadas trancando num monastério, meditando e meditando, sob os ensinamentos do Swami Brahmananda Saraswati, considerado um homem santo na Índia. Cerca de 25 milhões de pessoas mundo afora passaram pelos cursos de MT desde então. Eu sou um deles. A sede carioca funciona no Leblon, e o nome do professor é Kléber Tamis. Ele ensina meditação desde o início dos anos 1980 e já contabiliza 15 mil alunos. A lista é grande. E diversa. Kléber me ensinou que meditar é simples, delicado e, sobretudo, eficiente. Assim ele explica a MT:

" O mergulho vai se dar de forma natural e inocente, porque a mente sempre quer o prazer. Meditar é natural. Não se pode esperar da meditação experiências místicas. Se acontecer, você vai sentir e saber que está acontecendo. Mas não é o objetivo. As mudanças acontecem dia a dia, passo a passo. Muitas técnicas ensinam a combater o pensamento. O Maharish sempre tentou fazer a gente compreender que não há como negar o pensamento. O negócio é deixar ele vir, perder a força e ir embora. Quando se entende isso, meditar fica fácil. As pessoas são fantasiosas. A espiritualidade é uma coisa bonita e simples, que você vai avivando com a experiência, a experiência da consciência pura. Muito estranho no começo. São pequenos flashes que tendem a aumentar com o tempo. No primeiro momento, o importante é: sentar 25 minutos de manhã, 25 minutos à noite. Só isso. **"**

Todos os dias, com raras exceções, me sento 25 minutos de manhã e 25 minutos à noite. A MT, de fato, promove um mergulho. E, como bem disse Kléber, um grande mestre, não é nada invasivo. Não vou entrar em detalhes porque não tenho o conhecimento para tal. Mas meditar é mais ou menos isto: você se recosta, numa posição confortável, e começa a pensar no mantra que lhe foi gentilmente passado pelo mestre. O mantra é pessoal e intransferível. Enquanto você pensa no mantra, sem forçar, outros pensamentos vão invadindo a sua mente. Isso não é bom nem ruim. O pensamento vem, você o percebe e volta para o mantra. Há instantes, flashes, que você se percebe sem mantra e sem pensamento, num vácuo delicioso e profundo. Meditar me propicia benefícios inacreditáveis. Essencialmente meditar é um mergulho na fonte dos pensamentos e um momento de relaxamento inenarrável.

Segundo aprendi, temos três estágios de consciência: vigília, sono e sonho. A MT nos proporciona um quarto estágio, o vácuo, que chamamos de não mantra e não pensamento. Com a prática, você tende a ter mais momentos de vácuo, de ausência de pensamentos: uma serenidade absoluta, uma chance para o corpo se livrar do estresse. É a cura interna. Não é o mesmo relaxamento do sono. O sono é diferente. Quando você dorme, você sonha. E quando você sonha o seu cérebro está trabalhando. Na meditação, não. Não há atividade cerebral. Ou a atividade cerebral é reduzida ao mínimo. Com isso, o corpo foca na faxina interna, limpa, joga fora todo o lixo, como ansiedade, estresse etc. Acreditem: o momento do nada, do silêncio absoluto, é genial, fantástico, bárbaro. Em uma palavra: divino. Depois de meditar, eu me sinto revigorado como se tivesse dormido horas. Mais revigorado até do que após uma noite de bons sonhos.

Acho engraçado quando as pessoas associam meditação a misticismo, esoterismo, vida monástica. Nada a ver. MT é uma técnica científica, testada e comprovada. Ela foi desenvolvida pelo mestre Maharishi Mahesh Yogi justamente para atender às necessidades do ser humano moderno. Propicia robustez para enfrentarmos os estresses da vida, os problemas cotidianos, o dia a dia. Você fica mais protegido, nada te agarra. Kléber usa uma imagem absolutamente genial. Quem não medita é uma parede de cimento. Tudo que bate, agarra, arranha, deixa marca. Quando você medita, você é uma parede de água. As coisas passam. Percebe?

Hoje percebo a MT nas pequenas coisas da vida — numa reunião tensa, em que talvez eu falasse num tom mais agressivo e agora não mais. Todo mundo pode meditar, garanto. Ninguém é mais ativo e hiperativo do que eu. Quem me conhece sabe da minha loucura, da minha velocidade, da minha energia. Se eu consigo, você consegue. Só tem que botar na cabeça: 25 minutos de manhã e 25 minutos à noite. Afirmo: a MT me transformou numa pessoa mais capaz física e psiquicamente para cuidar do volume de negócios que eu cuido. E, acima de tudo, para cuidar de mim.

Banho frio é no mínimo curioso. Na minha infância nunca ouvi falar que banho frio fizesse bem, mas comecei a tomar banho frio por instinto. Quando conto isso para amigos, eles vão à loucura; sinto um benefício enorme, como se abrisse um portal, não sei explicar. Banho quente deprime, deixa o sujeito amuado. Depois de uma boa ducha gelada, eu sinto o trânsito nas minhas veias respiratórias, o sangue acelerado; um efeito (quase) místico. Amo banho frio, tomo todos os dias. Quando vou a lugares que têm água (mar, rios, lagos...) independente da temperatura, eu encaro.

Certa vez estava no Peru fazendo uma caminhada para Machu Picchu, numa trilha alternativa, com quatro *lodges* ao longo do caminho. A gente andava 15 quilômetros todos os dias e parava nesses bangalôs incríveis. O total da caminhada foi de setenta, oitenta quilômetros. Um dos *lodges* fica a algo como 4.800 metros de altitude. Lá encontrei um lago glacial. O lago exibia um verde que nunca vi na vida. Algo divino. O frio era intenso. Mergulhei. Senti meu corpo em estado absoluto de união com a natureza. Ou melhor, parei de sentir o meu corpo. Acho que consegui ficar dez segundos. Mas foram dez segundos inesquecíveis.

Por que *shiatsu*? Faço toda semana. Invariavelmente. Shiatsu é o reequilíbrio dos meridianos, das energias que circulam no corpo. Na minha opinião, a medicina oriental está em outro patamar. Lá na frente... Foca na saúde, no bem-estar, na harmonia. Para mim, impossível viver sem shiatsu. E estou promovendo a felicidade de cada molécula do meu organismo, de cada conexão do meu sistema nervoso. Ir ao shiatsu é isto: foco em mim.

Para encerrar a pajelança, falarei sobre o contato com a *natureza*, a mais fundamental das coisas fundamentais. Meu Deus, como, no dia a dia, negligenciamos a natureza — é um corre para lá, corre para cá, e tudo passa despercebido. Eu preciso — digo PRECISO em maiúsculas para ressaltar — de contato com os quatro elementos.

Água: quando você bebe água, você está ingerindo natureza. Eu passei a beber muita água. E não me contento com banho de chuveiro. Frequento praias, cachoeiras... Direto. Sempre tive atração por água. Desde pequeno, não conseguia passar na praia e não dar um mergulho. Algo quase espiritual.

Ar: não sei a seu respeito, mas amo respirar. Não estou falando do respirar inconsciente. Mas o respirar consciente, quando o vento bate e você sorve, com o peito aberto. Adoro sentir o vento passando...

Fogo: dormir perto de uma lareira, sentir o calor, nada mais prazeroso. Mas existe o fogo que está à nossa disposição a toda hora: o sol. Acordo todos os dias, saio na varanda e recebo o sol. O sol é fogo, o elemento mais incandescente que há. Traz benefícios químicos, psíquicos e espirituais. Eu me comunico diariamente com o sol. Antes de sentar para meditar, vou lá fora e dou bom-dia para ele.

Terra: pisar no chão, pés descalços. Chego na praia, na cachoeira, no parque, tiro as sandálias. E confesso feliz: abraço árvores. Não tenho o menor pudor. Vejo uma árvore linda, majestosa, antiga, sábia... E abraço. As árvores são aterramento, raiz. Concluindo, não há dúvida: a capacidade de transformação do ser humano é infinita. Mas, infelizmente, a sociedade dita contemporânea caminha em sentido oposto. Somos deseducados ao longo da vida. Viramos autômatos, seguindo caminhos desencontrados e construindo movimentos autodestrutivos. Mas sem dúvida é chegado o ponto de mutação. O ponto da transmutação. O ponto em que cada um de nós encontrará a certeza de que é sim possível evoluir. Sim, é possível ser feliz.

INTUIÇÃO

CAPÍTULO7

7. INTUIÇÃO

intuição (in.tu:i.ɟão) *sf.* **1** Conhecimento claro, direto, espontâneo da verdade, sem recorrer ao raciocínio. **2** Premonição, presságio.

[Do lat. ecles. *intuitio, onis*.]

Dicionário da Língua Portuguesa Evanildo Bechara

intuição /u-i/ *s.f.* **1** faculdade de perceber, discernir ou pressentir coisas, independente de raciocínio ou de análise. **2** FIL forma de conhecimento direta, clara e imediata, capaz de investigar objetos pertencentes ao âmbito intelectual, a uma dimensão metafísica ou à realidade concreta SIN/VAR faro, instinto, palpite, perspicácia, pressentimento, suspeita, tino.

Dicionário Houaiss da Língua Portuguesa

intuição (u-i). [Do lat. tard. *Intuitione*, 'imagem refletida por um espelho', com sentido filosófico em lat. escolástico.] *S.f.* **1.** Percepção clara e imediata "Não tem intuição nem para as coisas mais simples" **3.** *Filos* Contemplação pela qual se atinge em toda sua plenitude uma verdade de ordem diversa daquelas que se atingem por meio da razão ou do conhecimento discursivo ou analítico **4.** *Filos* Apreensão direta, imediata e atual de um objeto na sua realidade individual.

Dicionário Aurélio da Língua Portuguesa

Um dia qualquer, de uma semana qualquer de janeiro de 2011, recebi um e-mail do meu sócio e irmão Alexandre Accioly. Era uma mensagem corriqueira, como tantas outras que trocamos sobre nossos negócios. Alexandre me sugeria marcar um encontro com duas novas empreendedoras, Brenda Valansi e Elisangela Valadares. Elas haviam criado o conceito de uma feira internacional de arte contemporânea no Rio de Janeiro chamada ArtRio, estando o evento agendado para acontecer em setembro daquele ano. A ideia do Accioly era que uma de nossas rádios, a SulAmérica Paradiso, apoiasse o evento. Estavam as duas em um *road show* com o firme propósito de fechar apoios e patrocínios. Assim que li o e-mail pedi a minha secretária que agendasse a reunião.

Um dos meus princípios como empresário é estar sempre atento para oportunidades; aberto para elas, com as antenas ligadas. Uma oportunidade só pode ser reconhecida quando você se comunica com ela, com a cabeça aberta, peito aberto, energia vibrando. Para mim, essa é premissa essencial de qualquer empreendedor.

Nosso primeiro encontro aconteceu na sede da Dial Brasil, centro do Rio de Janeiro. Depois de me apresentarem cuidadosamente o projeto ArtRio, em uma conversa de quase duas horas, Brenda e Elisangela propuseram tranformar a SulAmérica Paradiso na rádio oficial do evento (conforme o Alexandre já havia me adiantado). Não precisei nem de um segundo para pensar, topei. Sem dúvida, a proposta da ArtRio sincronizava-se claramente com o posicionamento da nossa rádio. Além disso, tratava-se de um projeto bastante interessante para o Rio. Terminamos o papo com um convite para que as duas viessem ao meu programa de entrevistas, o Marketeria.

Após Brenda e Elisangela partirem, fiquei sozinho, em plena dinâmica de comunhão comigo mesmo, com a cabeça fervilhando, no exercício que sempre faço quando farejo uma oportunidade: visão esférica uma vez mais. Eis o que se passou pelos meus pensamentos naquela hora: o Rio de Janeiro está em um momento singular, colocando-se como uma das cidades *spot* do mundo. O tempero restrito somente ao samba, suor e carnaval está ficando para trás. Não somos apenas uma cidade exótica, mas uma cidade *cool*, descolada. Apaixonada e apaixonante. Se o Rio realmente deseja fazer parte do seleto clube de cidades criativas, a arte é fundamental. Quando pensamos em Paris, Londres ou Nova York, pensamos não somente, mas sempre, em arte. Terminei meu exercício com a seguinte conclusão: "A ArtRio faz sentido como negócio." Na mesma tarde, vislumbrei a possibilidade de montar um modelo de entrega para grandes empresas patrocinadoras. A feira poderia assumir um tom mais abrangente, um tom mais democrático. O Rio é, por excelência, uma cidade democrática; por que não ampliar esse conceito por meio da arte?

> O tempero restrito somente ao samba, suor e carnaval está ficando para trás. O Rio é, por excelência, uma cidade democrática; por que não ampliar esse conceito através da arte?

A entrevista com Brenda e Elisangela no Marketeria foi definitiva e, mais do que isso, conclusiva. E o ponto final para que eu decidisse levar adiante a ideia de tomar, de fato, o partido da ArtRio. Liguei para o Alexandre. E repeti para ele o que estava maquinando. Falei, finalizando o telefonema: "Acho que devíamos fazer uma proposta de compra desse negócio." AA, além de colecionador de arte, conhece o assunto. Também não precisou (e normalmente não precisa) de nenhum segundo para pensar.

Respondeu na hora: "Vamos nessa."

Alinhados os dois, moto-contínuo, liguei para Brenda e Elisangela: "Gostaria de convesar com vocês sobre um formato, uma proposta. Podemos?"

E em uma tarde de fevereiro nos sentamos os três. Nascia ali algo especial. Muito especial.

Elas já haviam recebido propostas financeiras de outros empresários. Boas propostas. Mas nenhuma delas agregava real valor ao conceito ArtRio. Não tenho nenhuma dúvida do que vou dizer agora: um volume de milhões pode valer menos do que um pacote pleno de ideias. Valor não está necessariamente ligado a dinheiro. Não mesmo. Fizemos uma proposta que acima de tudo agregaria valor, valor no sentido mais amplo, filosófico. Modelos, estruturas e formatos que, trazidos por nós, alavancariam exponencialmente o negócio.

> Um volume de milhões pode valer menos do que um pacote pleno de ideias.

Tenho imenso respeito e admiração por essas mulheres. Pessoas que acreditaram em suas intuições. Em seus corações. Um belíssimo exemplo de percepção muito além dos nossos sentidos. Percepção de alma.

Depois de algumas (tantas e necessárias) reuniões, nos tornamos finalmente sócios. Estava formada a configuração atual da BEX, a controladora da ArtRio.

Sociedade de pé, a exatos quatro meses da ArtRio 2011, partimos para a execução — Brenda e Elisangela com foco nas áreas de conteúdo e produção, Alexandre e eu com foco nas áreas de marketing e negócios. Estruturamos uma equipe reduzida mas assertiva. Levantamos, ainda que com pouco tempo de trabalho, importantes patrocinadores e mídias oficiais. Nascia a ArtRio, em setembro de 2011.

Nossa primeira edição foi, digamos, histórica. Superou todas as expectativas, em todos os sentidos: público, volume de negócios, mídia espontânea... Mais de 40 mil pessoas visitaram a feira, o dobro do previsto. Movimentamos R$120 milhões, valor 140% superior ao esperado. Os dois pavilhões do Píer Mauá incluíram 83 galerias — sendo 50% estrangeiras — e mais de setecentos artistas. Visitas guiadas, oficinas, vídeos, palestras, mostras paralelas de filmes, foram algumas das ações que foram postas de pé com o propósito de seduzir pessoas que até então pouca conexão tinham com arte.

> Um passo fundamental em um negócio que está nascendo é não se acomodar, nada de descanso, de pausa. Tal qual o fogo quando nasce, o empreendimento mais poderoso ficará a partir da nossa comunhão, da nossa entrega, da nossa energia.

Cabe aqui uma importante menção (aliás, fundamental) ao poder público do Rio de Janeiro — tanto o governador Sérgio Cabral e sua equipe quanto o prefeito Eduardo Paes e respectiva equipe compreenderam claramente a dimensão do que estava sendo construído e, portanto, apoiaram a ArtRio desde o início.

Estava então estabelecida uma marca. A ArtRio se transformou (não gosto de expressões em outras línguas, mas essa, que ouvi do canal GNT, de fato se adéqua perfeitamente à feira) no "talk of the town" durante o mês de setembro. Em outubro de 2011, o sucesso era absoluto, mas sem tempo de comemoração. Reunimo-nos e começamos a construir a ArtRio 2012.

Um passo fundamental em um negócio que está nascendo é não se acomodar, nada de descanso, de pausa. Tal qual o fogo quando nasce, o empreendimento mais poderoso ficará a partir da nossa comunhão, da nossa entrega, da nossa energia.

Decidimos ampliar o espectro da feira e, assim, estabelecer uma série de ações ao longo do ano (iniciando-se em janeiro de 2012) com o objetivo de amplificar ao máximo a marca ArtRio.

Modelo estruturado, fomos em busca de grandes patrocinadores, grandes marcas. Com o firme propósito de fazer as empresas compreenderem que estaríamos construindo algo além de um evento de arte, que estaríamos construindo um legado que certamente contribuiria para o segmento de arte no Rio de Janeiro e no Brasil. O conceito foi plenamente compreendido por grandes empresas.

Em paralelo, Brenda e Elisangela se desdobravam em mil no sentido de atrair para nossa segunda edição as mais importantes galerias (alma de nosso negócio) brasileiras e internacionais. Além, é claro, de oferecer um padrão de estrutura compatível com a magnitude do que estávamos buscando.

Em setembro de 2012 estava de pé a segunda edição da ArtRio — quatro armazéns e um anexo; 7.000m² de obras de arte; 120 galerias, estando entre elas as mais importantes do Brasil e do mundo; veículos de mídia transformados em veículos oficiais da ArtRio, como TV Globo, *Veja RIO*, Google e o jornal *O Globo*. Patrocinadores de alto calibre, como o Bradesco, que se transformou no apresentador da ArtRio 2012, seguido de marcas como TIM, Grendene/Ipanema, Stella Artois, entre outras.

Em meio a tudo isso, o mais importante era que o assunto arte era conversa frequente na cidade. Debatido pelo país, exercitado, efervescente. Era a construção de um legado.

Porém, independentemente de todo o resultado construído em pouco mais de um ano e meio — e duas edições —, não há dúvida de que estamos apenas no início de um negócio. Não há dúvida de que há ainda muito a caminhar no sentido da excelência.

Não se esqueça de, como temos dividido aqui, prestar atenção ao que ocorre ao nosso redor, ao que o universo nos indica. As oportunidades estão pairando por aí, seja um negócio, seja um amor, seja um perdão, seja uma nova dimensão. Fique atento, e muito!

> As oportunidades estão pairando por aí, seja um negócio, seja um amor, seja um perdão, seja uma nova dimensão.

CURIOSIDADE

CURIOSIDADE

CAPÍTULO**8**

8. CURIOSIDADE

curiosidade (cu.ri:o.si.*da*.de) *sf.* **1** Característica de curioso. **2** Interesse intenso por conhecer ou saber alguma coisa. **3** Objeto original ou fascinante. **4** Acontecimento ou aspecto interessante. [Do lat. *curiositas, atis.*]

Dicionário da Língua Portuguesa Evanildo Bechara

curiosidade *s.f.* **2** desejo intenso de ver, ouvir, conhecer, experimentar algo ger. novo, original, desconhecido **2.1** *p. ext.* vontade de aprender, interesse intelectual **2.2** *p. ext.* interesse, procura de coisas originais, insólitas etc. **3** *p. met.* Informação tão interessante quanto surpreendente.

Dicionário Houaiss da Língua Portuguesa

Curiosidade. [Do lat. *curiositate.*] **S. f. 2.** Desejo de saber, informar-se, desvendar, alcançar, etc.; interesse: A matéria deste jornal satisfaz a curiosidade dos leitores. **3.** Desejo de investigar determinados assuntos. **5.** Informação que revela algo desconhecido e interessante: Seu livro está cheio de curiosidades folclóricas.

Dicionário Aurélio da Língua Portuguesa

Cresci em uma esquina conhecida do Rio, rua Prudente de Morais com rua Montenegro (hoje rua Vinicius de Moraes). E o bar da esquina não se chama mais Veloso, virou Garota de Ipanema. Ali a turma da Bossa Nova criou muita coisa nos anos 1960. Sobre o Veloso, Vinicius disse: "Um bar de homens discretos, onde ninguém aborrece ninguém e cujo maior prazer consiste em falar sem dizer grande coisa."

Minha família muda-se para Ipanema em 1971. Tenho, então, cinco anos. O bairro vive, digamos, a sua pós-*Belle Époque*. O *point* agora é o famoso Píer de Ipanema, frequentado por intelectuais, artistas, escritores, jornalistas, surfistas, musas. Esse pedaço da praia ficou conhecido como "as dunas do barato" ou "as dunas da Gal". É ali que a geração 1970 — de Caetano Veloso a Gal Costa, Regina Casé a André de Biasi, Evandro Mesquita a Monique Evans, entre tantos outros — discute política, arte e cultura. Eu, claro, sou muito novo para entender a efervescência cultural e política que se desenrola na vizinhança. Mas já caio no mar, com uma pranchinha de isopor. Já frequento o Píer.

Duas coisas são marcantes na minha infância: o gosto intenso pela natureza, pelos esportes ao ar livre, e a veia empreendedora. Lembro-me de recolher os livros e as revistas velhas da minha casa e, com minhas irmãs e amigos do prédio, montar a nossa banquinha na esquina da Prudente com Montenegro. Sim, fui camelô.

Como se vê, sou carioca de alma, brasileiro de coração, mas na verdade não nasci no Brasil, e sim na Suíça, em 1966. Meu pai, Luiz Calainho, foi comandante da Panair do Brasil, nos tempos da aviação romântica, sem tecnologia, das estrelas. Um dia, voltando do Chile, ao pousar no Galeão, recebeu a notícia de que a Panair havia perdido a concessão de suas linhas (suas rotas) por conta do golpe militar de 1964.

Ele então foi trabalhar na Swissair (hoje Swiss) e mudou-se com minha mãe, Maria Helena, e minha irmã mais velha, Daniela, para Zurique — Suíça, sede da Swissar.

Em 1966, venho ao mundo trazido por um obstetra italiano... "É um ragazzo!", gritou. Dois anos depois, em pleno 1968, voltamos para o Brasil e nos instalamos primeiro em Copacabana, na rua Domingos Ferreira. Na primeira infância, estudo no Recreio Infantil, em Botafogo, e frequento a praia no Posto 4 (paixão desde sempre pelo mar). Tenho também uma paixão na alma por música. Mesmo muito moleque. Passo os dias cantarolando as coisas mais variadas, mais inusitadas, como "De baixo dos caracóis dos seus cabelos" (de Caetano interpretada por Roberto Carlos). Na infância, vejo Gal Costa, Chico Buarque, Ney Matogrosso, entre tantos outros shows incríveis. Certamente isso tem a ver com a minha mãe. Ela era, e é, muito ligada em arte, música, teatro. E fez questão de nos instigar a gostar também. Definitivamente farei o mesmo com meus filhos. Com certeza. Em 1970, nasce a minha irmã mais nova, Gabriela, e nós vamos então para Ipanema. Sobre a minha meninice, acho melhor deixar a minha mãe contar:

❝ O Luiz André sempre foi o que é hoje, um garoto muito suave, muito inteligente e, principalmente, muito engraçado. Ele se dava bem com o pai, se dava bem comigo. Brigava um pouco com as irmãs, por ciúme, uma coisa normal de criança. Na escola, tirava notas boas. Nunca deu trabalho nesse sentido. Eu dava muito valor à vida mais intelectual, apesar de ser dona de casa, de não trabalhar. Por isso, eu fazia questão que eles se engajassem em coisas culturais. Todo final de semana pegava os três e levava para o Teatro Casa

Grande, para o Canecão. O Luiz André gostava mesmo era de praia, de esporte, embora também gostasse de teatro. E tinha uma paixão por música. Adorava. Ele era tão engraçado, desde pequenininho. Lembro-me dele fantasiado de Batman pela casa. Tinha que usar bota ortopédica, mas rejeitava aquilo com ferocidade. Para fazê-lo usar as benditas botas, a gente dizia que o Batman também usava. Outra coisa que me lembro muito é do quanto o Luiz André ficava feliz brincando de trabalhar. As minhas filhas recebiam amiguinhas para brincar e não queriam que ele participasse. Para se livrar dele, diziam que ele era o marido e que tinha que sair para trabalhar. Ele pegava uma pastinha e ficava fingindo que estava no escritório. Deleitava-se com aquilo. **"**

Minha mãe é formada em psicologia, mas nunca exerceu. Dedicou-se exclusivamente a nós, à família. Mas havia nela uma coisa inquieta, gostava do mundo. E nos empurrou para ele. O sonho do meu pai era voar. Ele foi um apaixonado por aviação e viveu a verdade dele, até falecer, em 1999. Ganhou a vida fazendo o que queria. O que amava. Ganhou a vida com a sua verdade. Mas essa cabeça multidisciplinar não herdei dele. Nem pensar. Meu pai seguiu uma carreira linear. Primeiro na Panair. Depois na Swissair. E, por fim, na Varig.

Engraçado, nunca quis ser piloto. Minha mente sempre foi mais abrangente. Herdei do meu pai um imenso padrão ético. Imenso legado que recebi e que deixarei para meus filhos. Ética acima de tudo. Ele era trabalhador, estudioso e assertivo. Tinha grande prestígio dentro do mundo dele. Decidiu que seria piloto e o foi em altíssimo nível. Fez parte do grupo de dez comandantes que trouxe para o Brasil os primeiros

Boeing 737. Testando e aprovando estes aviões em pousos e decolagens no Santos Dumont, um aeroporto que não era homologado para esse tipo de aeronave. O comandante Luiz Calainho, do jeito dele, também foi um sonhador, um "reinventor".

Até 1975, meu melhor amigo é Sérgio Sá Leitão, hoje secretário de cultura do município do Rio de Janeiro. Nosso programa favorito naqueles bons tempos é subir a Serra, para a casa de Petrópolis (Rocio, um lugar mágico) dos pais do Sérgio. Essas viagens plantaram em mim um gosto por montanhas, pelo campo. Pela natureza. Nas temporadas no Rocio, pintamos e bordamos. A gente cria lá a nossa própria companhia de teatro. Escrevemos o texto, produzimos o espetáculo e cobramos ingressos da família, dos vizinhos. Somos atores, diretores, autores. "Serviço completo." Nós inventamos também a "Casa Monstra", uma espécie de trem-fantasma, com armadilhas e tudo. Minha infância teve esse lado lúdico e criativo. Gostava (muito) de inventar. Criar.

Em 1976, faço a minha primeira grande viagem. Foram muitas viagens para o exterior com a família ao longo da minha infância e adolescência. Algo aliás fundamental na minha formação. Vamos para a Flórida e a Califórnia. Conheço, então, a Disneylândia, a Universal Studios, São Francisco e Las Vegas. Claro, como qualquer criança, tinha uma visão infantil, mas de alguma forma sei que essas viagens internacionais me impactaram e foram fundamentais na minha construção como empresário do segmento de entretenimento. É fato que quanto mais jovem você vê e vivencia tudo isso, mas as coisas se entranham em sua alma.

Com 10 anos, estou em Las Vegas, passeando nos cassinos... Estou na Meca do entretenimento. Dado que meu pai era comandante da

Varig, gozávamos de belíssimos descontos, o que nos permitia vivenciar hotéis de alto padrão. Além disso, pagávamos apenas US$20 para ir a qualquer parte do mundo, e mesmo assim viajávamos de executiva ou de primeira classe. Gentilezas de comandantes para comandantes. Portanto, desde criança acabei interagindo com padrões de alta excelência, o que obviamente aguçou minha preocupação com qualidade e detalhes. Os detalhes fazem imensa diferença. Tive então o privilégio de trazer essas experiências para minha vida executiva e posteriormente empresarial — busca obsessiva por excelência. Aprendi tendo contato com o que havia de mais especial no mundo, e sou muito grato a meu pai por tal oportunidade.

Na Escola Ativa, onde fui estudar em 1977, conheço meu primeiro sócio, Márcio Menescal, filho de Roberto Menescal. O Roberto, claro, já era então o "Menesca", um dos criadores da Bossa Nova, um dos principais compositores do movimento, ao lado de Vinicius de Moraes, Tom Jobim e Carlos Lyra, e, posteriormente, prestigiado diretor artístico da Polygram, hoje Universal Music. Márcio e eu nos tornamos irmãos. Juntos a gente aprontava várias. Nosso grande empreendimento era uma equipe de som, que fazia a iluminação e a trilha sonora das festas de amigos de escola e de amigos do Roberto e da Yara (mãe do Márcio). Aliás, o Roberto era nosso "empresário", e chegamos a ganhar um bom dinheiro. Estávamos no auge da Disco music: Donna Summer, Bee Gees, entre tantos outros — grandes tempos.

Tínhamos também uma produtora de cinema. Inacreditável! O Roberto possuía em casa uma câmera, uma Super 8 (vídeocassete, não existia...), coisa rara de ter na época. E ele nos emprestava. Nossa obra-prima é uma animação em *stop-motion* que fizemos com bonecos playmobil. Passamos dias, semanas, fazendo o filmete. Também produzíamos comédias. Sempre fui meio palhaço na escola, gostava de entreter a turma. Mas independente da farra, tirava notas muito boas. E, ao mesmo tempo, integrava a turma da bagunça. Nas férias de verão, Cabo Frio (belos tempos de Cabo Frio), onde a família do Márcio tinha uma casa deliciosa, passávamos os dias mergulhando, velejando... um contato muito especial com a natureza. O Roberto adora contar histórias desse período:

❝ A primeira empresa do Calainho foi com meu filho. A dupla montou uma equipe de som. Eu comprei os equipamentos e eles deram um jeito de arrumar uma luz, uma caixa de madeira mal-soldada e uma 'bomba' elétrica. Eles faziam sucesso nas festinhas. O Calainho era um azougue. Não parava um minuto. Quando se sentava à mesa, fazia caretas para não ficar parado. Eu falava para a minha mulher: 'Se eu tivesse dinheiro eu compraria esse menino.' Sabe uma criança que você já sabe exatamente o que vai se tornar?

Eu fiquei muito próximo dele dos 11, 12 até os 15, e acompanhei de perto o processo criativo dele, as brincadeiras que ele propunha. Os filminhos de Super 8 são geniais. Uma vez, em Cabo Frio, o Calainho pegou a câmera e foi para o banheiro sozinho. Eu encasquetei: 'O que esse garoto vai fazer?' E o segui, fiquei observando. Escovando os dentes, o Calainho fez um filme. É um show, uma performance, as caretas mais inusitadas que já vi. Acabei de passar para DVD. A filmagem dura uns 15 minutos. Foi muito bom o contato dele com o Márcio. O Márcio é muito criativo na parte técnica, ele hoje é produtor e técnico de gravação de som. O Calainho dava as ideias e o Márcio realizava. O Márcio era o realizador e o Calainho, o inventor. O melhor é que agora voltamos a conviver. Ele viu um show que montei com o Andy Summers, do The Police, e nos convidou para uma apresentação no 'Noites Cariocas'. Depois, produziu e lançou o DVD do show. E também está distribuindo os meus discos, através de uma das empresas dele. A Aracy de Almeida tinha uma frase ótima. Ela dizia: 'Esse é um cara que não resta a menor dúvida.' Para mim, o Calainho é isso: um cara que não resta a menor dúvida. **"**

Minhas memórias da casa do Roberto e da Yara são fortes, vivas, fundamentais para mim. A família mora num apartamento térreo lindo, na rua Visconde de Pirajá, em Ipanema, com um quintal enorme, quadra de vôlei e um anexo muito especial composto por dois amplos ambientes: uma sala de música (incrível) e uma oficina. Lembro-me de cruzar algumas vezes com a Nara Leão (vizinha de apartamento) por lá.

Tenho no meu coração um carinho muito especial por essa família (como família é uma coisa fundamental!) tão linda: Roberto e Yara, Adriana (a filha mais velha), Márcio (grande irmão), Cláudio (caçula), Dona Neném (a avó deles) e, claro, não menos importante, o Frederico, um bassê!

Uma família unida, amorosa, carinhosa, que buscava em todos os momentos compartilhar, dividir e construir, sempre juntos. Não tenho nenhuma dúvida de que aprendi a amar de verdade com aquela energia tão especial, tão única, divina. Obrigado (mesmo!), família Menescal.

Vivemos em um mundo que nos distancia de nós mesmos, da nossa essência, da nossa alma. Alta tecnologia nos tornando cada vez mais solitários. Filhos imersos em games, *smartphones*, web... e pais também.

As famílias? De lado, negligenciadas. Dispersas. Não funciona e jamais funcionará. Sentar à mesa, compartilhar, conversar, debater, viajar. Curtir cada olhar, cada toque, cada abraço, cada beijo. Desfrutar de quem mais nos ama e de quem mais amamos. Desfrutar da nossa família. Com amor, muito amor.

Mas voltando à história... o Roberto, como executivo de gravadora, possui todos os discos lançados e os que iriam ser lançados. A gente ouve tudo, em primeira mão. Grande privilégio. Márcio e eu, afinal, somos donos de uma equipe de som. E nossa pesquisa musical é séria. E diversa. A gente adorava, de fato, música, de Roberto Carlos a Caetano Veloso. De Bob Dylan a Rolling Stones. *Saturday Night Fever* (*Os embalos de sábado à noite*), por exemplo: somos os primeiros da escola a conhecer. *Grease*, idem, ouvimos primeiro. Todas as coisas da época: trilhas de novela, lançamentos nacionais e internacionais. A avalanche de referências, porém, não despertou em mim nenhum desejo profissional mais sério. Não era do tipo de garoto que sabia responder a mais recorrente pergunta dos adultos: "O que você vai ser quando crescer?" Foi uma pré-adolescência livre, de muito contato com natureza e com cultura. Muita cultura. Só hoje, olhando para trás, percebo que eu, intuitivamente, sim, já sabia o caminho a seguir.

Empreender, criar, entreter, inventar e reinventar são acessórios de fábrica. Coisas da alma. Mesmo. Minha verdade. E esta é a maior de todas as buscas: a busca por nossa verdade. Por sua verdade. Roberto Menescal nunca se virou para mim e para o Márcio, por exemplo, e disse: "Por que vocês não montam uma equipe de som?" Ou: "Olha, pega os discos e ouçam." Nunca nos ordenou: "Façam filmes." Éramos dois adolescentes curtindo, curtindo e curtindo. Essência pura. Ainda mais moleque, em Copacabana ainda, lembro-me de coreografar danças com minhas irmãs e chamar as pessoas para assistir. Minha casa também era bastante musical, aliás. Não como a do Roberto, certamente. Mas minha mãe sempre foi muito próxima à música. Em especial brasileira. E meu pai, de artistas internacionais que ele trazia das viagens.

Já o gosto pelo risco, pelo desconforto, adquiro na prática. Minha mãe tinha uma "mania": trocar a gente de escola o tempo inteiro, sempre em busca de uma melhor. O que certamente é louvável. Isso me deu uma bela cancha, importantíssima na minha vida (profissional inclusive), de me adaptar a qualquer lugar, qualquer situação, qualquer pessoa. Existe coisa mais desconfortável para uma criança do que o primeiro dia em uma escola? Você não conhece ninguém, tem que encarar a turma, puxar papo, fazer amigos. Uma batalha. Mas uma batalha que de certa forma moldou meu perfil conciliatório, agregador e que está sempre em busca de união e harmonia. Sempre. Obviamente minha mãe não agiu estrategicamente para me tornar um sujeito assim. Mas funcionou.

Minha última e mais importante escola foi o Colégio São Vicente, uma escola que incentivava a criatividade, a cultura, cabeça mais aberta. A escola em que me formei. Boa parte da turma carioca ligada à arte que hoje tem de 35 a 45 anos saiu do São Vicente: Marcos Palmeira, os filhos do Arthur da Távola, Fernanda Torres, entre tantos outros. Conheço Luiz Augusto Candiota no São Vicente. Um grande amigo, um grande irmão até hoje. O Quinho. Nossa onda torna-se o surfe. Um primo dele, Francisco, o Boucy, tinha um Fiat 147 vermelho, e nos finais de semana íamos rumo à Prainha, Grumari, para surfar, surfar muito. Você entrava na Barra. E, a partir dali, era zero. Deserto: quatro caras no carro, prancha no rack, música no toca-fitas (toca-fitas!). Estamos em 1980. Ah, os amores...

Antes, em 1978, vivo meu primeiro amor. Cláudia Stamato. Troco com ela cartas de amor (confesso que adoro cartas até hoje). Uma história linda e ingênua. Saímos algumas vezes para conversar, para tomar sorvete. Tenho vontade de reencontrá-la. Não concretizamos nada e não sei explicar o porquê. Mas guardarei para sempre o sorriso lindo que ela tinha, envolto em um rosto (lembro perfeitamente neste momento) delicado, coberto por incríveis cabelos negros.

No último ano do São Vicente, em 1983, tive a minha primeira namorada para valer, uma americana que morava no Jardim Botânico. Filha de um executivo do Chase Manhattan Bank — Heloisa Hipskind.

O ponto de encontro da turma era um McDonald's, na esquina da Farme de Amoedo com Visconde de Pirajá. A vida resumia-se a surfe, férias na serra ou na praia, matinês, cinema, teatro, muita natureza e muita atividade cultural.

Por caminhos e descaminhos tive a oportunidade e o privilégio de aprender a pensar, a criar, a transcender. Infelizmente a dita educação escolar, mesmo nas escolas mais abrangentes e liberais como as onde estudei, ainda é muito superficial. Não se ensina cidadania, não se ensina compartilhamento, não se ensina ética, não se ensina como você deve se relacionar com os acontecimentos, com as pessoas. Escolas promovendo um tsunami de conteúdos (física, química, matemática...) que de fato não nos preparam para a vida, para buscarmos nossa verdade. Não se discute a relação com as pessoas, não se discute a relação com a família. Ensino meramente ancorado em conteúdos gerais e genéricos, deixando de lado os conteúdos e questões de cada um, de cada aluno. E a promoção do ato de se perguntar, de se questionar? Indivíduos que crescem sem a capacidade de transcender, pois não conhecem o que se passa dentro de si mesmos.

E essa é uma das imensas questões do mundo contemporâneo: as pessoas se perguntam pouco, se questionam pouco, se desafiam pouco. Minhas vidas pessoal e profissional sempre foram pautadas pelo ato de provocar-me de maneira consciente e recorrente. Às vezes nos deparamos com determinados episódios em nossas vidas que têm o poder e a capacidade de nos transformar, se assim percebemos, se assim desejamos. Vivo atento a episódios transformadores. São verdadeiras bênçãos em nossas vidas, se assim o quisermos, se assim escolhermos. Esta é a regra: perceber, se provocar, se tocar e se transformar. A qualquer tempo.

Chega a hora de decidir: "O que vou ser quando crescer?" Até então fui levando a vida, sempre feliz e otimista. Minha natureza é feliz e otimista, diga-se. Bom, vestibular. O que eu gosto? Gosto de me comunicar, gosto de me relacionar com pessoas, meu espectro de interesses é grande... Vou fazer comunicação social, na PUC-RJ. Passo no vestibular, com louvor. Sempre me dei bem nos estudos. Decido fazer comunicação baseado puramente no meu espírito inquieto. Instinto. Instinto sempre foi meu melhor aliado. Verdade. Sempre ao lado da minha verdade. Quando entro na PUC, me apaixono. Faço a faculdade em quatro anos. E no meio desses anos me apaixono por um dos grandes amores da minha vida: Cláudia Maria. Minha eterna Cláudia Maria. E é lá, na PUC, que começo a botar em prática algo que me segue e me norteia em minha vida profissional até hoje. "Transbordar" talvez seja a palavra para definir a minha relação com tudo o que faço: "Sair pelas bordas ou margens. Ter ou manifestar em grande medida." Tenho esse viés de transbordar, de ir além do que me é solicitado. De ir além do que eu mesmo imaginei. Surpreender a mim mesmo. Acredito que se deve oferecer para o mundo sempre mais, mais e mais. Não me limito ao que me é pedido. Tenho a obsessão de entregar a mais, de inventar algo além do pedido, do solicitado, do "brifado". Sou assim e sempre fui assim.

Refletindo agora sobre minha infância, adolescência e início da minha fase adulta, chego à conclusão de que de fato me alimentei de experiências absolutamente fundamentais, que me tocaram fundo, na alma. Sincronicamente me relacionei com pessoas, lugares e acontecimentos que de alguma forma faziam imenso sentido para mim, para as minhas verdades. Aí reside minha força maior. Ainda que sem consciência disso (será?), sempre estive em sintonia com a minha verdade. Portanto, inspire-se acima de tudo na sua verdade, naquilo que de fato você é. Aguce a curiosidade a seu respeito, e busque até encontrar.

> Tenho esse viés de transbordar, de ir além do que me é solicitado. De ir além do que eu mesmo imaginei. Surpreender a mim mesmo. Acredito que se deve oferecer para o mundo sempre mais, mais e mais. Não me limito ao que me é pedido. Tenho a obsessão de entregar a mais, de inventar algo além do pedido, do solicitado, do "brifado".

VONTADE

CAPÍTULO **9**

9. VONTADE

vontade (von.*ta*.de) *sf.* **1** Capacidade do ser humano de querer, de praticar ou não ações livremente. **2** Impulso que leva o indivíduo a realizar essas ações. **3** Necessidade física. **4** Desejo impulsivo; capricho, fantasia. [Do lat. *voluntas, atis*.]

Dicionário da Língua Portuguesa Evanildo Bechara

vontade *s.f.* **1** faculdade que tem o ser humano de querer, de escolher, de livremente praticar ou deixar de praticar certos atos. **2** Força interior que impulsiona o indivíduo a realizar algo, a atingir seus fins ou desejos, ânimo, determinação, firmeza **2.1** disposição, empenho, interesse, zelo (*a v. política de um governo*) **3** Capacidade de escolher, de decidir entre alternativas possíveis; volição **5** prazer, apetite, deleite, gosto.

Dicionário Houaiss da Língua Portuguesa

vontade. [Do lat. *voluntate*.] *S. f.* **1.** Faculdade de representar mentalmente um ato que pode ou não ser praticado em obediência a um impulso ou a motivos ditados pela razão. **5.** Ânimo firme, firmeza, coragem: *Sua vontade vence obstáculos.* **8.** Empenho, interesse, zelo: *Pôs toda vontade na execução do plano.* **Com vontade.** Com gosto, com gana, com prazer.

Dicionário Aurélio da Língua Portuguesa

Seja feita a vossa vontade... Vontade, capricho, fantasia, veleidade... Continua: vontade de ferro, vontade de potência... Segundo Nietzsche, "impulso fundamental inerente a todos os seres vivos que se manifestam na aspiração sempre crescente". À vontade, sem constrangimento, a bel-prazer, outro modo de se olhar a mesma palavra. Segue: vontade ou intencionalidade, "a capacidade através da qual tomamos posição frente ao que nos aparece".

Pois então, que tal encararmos a realidade, a verdade? Na maioria das vezes, as pessoas (você?) não tomam posição, surge a oportunidade e não tomam posição. Segundo Santo Agostinho, vontade e liberdade são palavras que podem ser vistas como sinônimas: "Faculdade através da qual somos dignos de louvor quando escolhemos o bom." Temos vontade e somos responsáveis pelas nossas decisões e ações. Libertador, não? É isso: a vontade determina a responsabilidade pela própria vida. Essência inclusive do livre-arbítrio. Há uma tendência de se creditar as frustrações ao mundo externo, quando essencialmente tudo nasce dentro do nosso peito. Quando você tem convicção absoluta disso, de que o mundo nasce dentro de você, você transforma. Você transcende. Você é livre. Porém, quando você considera que a responsabilidade pelo que acontece de ruim provém de fora, do externo, você mergulha na zona de conforto. O "conforto do desconforto". É a chamada lamentação. É a inércia. A apatia de si mesmo. Tudo passa por vontade. Uma palavra de poder: "Impulso que leva o indivíduo a realizar essas ações."

Costumo me definir assim: um entusiasta absoluto da vontade. A veloz evolução da minha carreira de fato se deu por muitos fatores, mas minha vontade — sem dúvida — foi preponderante. Termino a faculdade e dou a largada. É 1987 e me formo no final do ano. Para mim mesmo proclamo: "Um, dois, três, ok. Agora é comigo." Chego como um estagiário em uma produtora, a Proview, na época começando. Uma salinha de 30m² na avenida Nossa Senhora de Copacabana. Hoje a Proview tem duas sedes, setenta funcionários e atua no mercado de filmes publicitários, institucionais, e séries de TV. O dono, Sérgio Horovitz, tornou-se um parceiro. Ele ainda se lembra do Calainho estagiário:

❝ O Calainho estava acabando a faculdade e eu estava iniciando a produtora. Em busca de mão de obra jovem, fui entrevistar vários estudantes. Eu o escolhi pelo jeito proativo, comunicador. Moleque, já era assim: tinha o afã de contribuir em tudo. **❞**

Seis meses de Proview depois, já com o diploma na mão (os anos de PUC foram tão especiais que chorei ao deixar a faculdade no último dia...), entendo que preciso de um novo estágio. Um novo desafio. Vontade. Recém-formado, pouca experiência, o jeito é pedir de joelhos... literalmente.

Estou em um show na Praça da Apoteose, um Hollywood Rock, quando de repente encontro Mônica Becker, tráfego de uma agência muito prestigiada, a Standard Ogilvy & Mather. Um parêntese: na época, o mercado publicitário preponderantemente ficava no Rio. Todas as grandes agências possuíam suas sedes na cidade. Eram os anos dourados da propaganda no Rio de Janeiro, diga-se. Voltando à Praça da

Apoteose, vejo a Mônica (que havia conhecido por ter sido apresentado a ela por uma ex-namorada, Cristina Bonifácio), aproximo-me e, de joelhos, digo: "Me dá um estágio? Um só!" Missão cumprida.

Na Standard Ogilvy começo efetivamente a minha estrada profissional. Entro carregando minha máxima vontade: "Como é que eu faço para ir além, para transbordar, transcender?" Não havia muitas brechas. Mas elas existiam. Bastava ficar atento. Sou estagiário do tráfego, uma área que simplesmente faz o tráfego dentro da agência. Ou seja, junta as pontas. Atendimento com criação. Criação com produção. E por aí vai... Não estou desmerecendo o trabalho, mas difícil se aprofundar quando se está nessa função. E eu ainda sou um estagiário da função.

É engraçado voltar a esse tempo, muito louco olhar para trás. Uma agência de publicidade não possuía computador. Aliás, pouquíssimas empresas contavam com esse "equipamento". Não havia nem fax. Para ser o melhor estagiário do tráfego, eu, então, me viro do avesso. Exemplo: se tenho que arrumar o arquivo, arrumo o arquivo da maneira mais eficiente, estudo formas de facilitar a consulta, me jogo na tarefa. Duas palavras aqui definem a minha atitude como estagiário, a mesma que preservo como empresário: *esfera* e *detalhe*.

Como já disse, esfera é uma palavra que naturalmente envolve, abarca todas as possibilidades. Carrego isso na vida: visão esférica. Olhar esfericamente para uma atividade é um ato de entrega, de abrangência, de compromisso. É perceber todas as facetas de uma atividade, seja ela qual for. É olhar buscando todos os lados, todas as nuances. E a partir daí, encontrar novos caminhos, novas alternativas. Trata-se então de aprofundar e se perguntar.

Visão esférica. Percepção esférica. Um ato cotidiano na minha vida empresarial, mas, acima de tudo, na minha vida pessoal. Estar atento e aberto a todos os ângulos nos liberta. Nos alimenta. Nos torna mais conscientes. Nos torna mais preparados. Nos torna mais fortes. Mais iluminados. Perceba.

E o detalhe... Ah, o detalhe é vital. Dos pontos mais simples aos mais sofisticados, faz-se a diferença no detalhe. Como estagiário do tráfego, fiz a diferença e fui alçado para o atendimento.

E assim como cotidianamente percebo o mundo sob uma óptica esférica, também o detalhe me é fundamental. Via de regra, as pessoas têm enorme tendência a perceber somente aquilo que se apresenta como "maior", mais importante... Não percebem que um olhar, um toque, uma palavra, um gesto são muitas vezes, se não na maioria delas, absolutamente vitais. Perceber os detalhes. Perceber as sutilezas. Perceber os sinais do universo.

De volta ao passado, o atendimento é uma área estratégica dentro de uma agência. Lida com o cliente. Vai-se até ele, "colhe-se" o *briefing* (objetivos da empresa/produtos) e, na sequência, "vende-se" a campanha. Um executivo dessa área precisa de um binômio, precisa ser duas coisas: político e negociador. Características que de fato são minha verdade. Acima de tudo minha verdade. Meu prazer.

E caio no grupo de Eline Antunes, uma grande profissional. Nós atendemos a Bausch & Lomb, a Fleischmann Royal e a Brahma. Começo a me relacionar com a Brahma (na época uma companhia do Rio de Janeiro, controlada por duas famílias, cuja maior concorrente era a Antarctica, de São Paulo), um flerte que terminaria em casamento. Falamos disso mais tarde. Quatro ou cinco meses depois, querem me "promover" a estagiário da conta da Shell, a conta mais importante da agência. Eline bate o pé. À essa altura, como se vê, sou um estagiário disputado. Orgulho. Mas muito, muito trabalho.

Nesse momento surge a oportunidade de estagiar diretamente na Brahma. A Companhia pede uma indicação de estagiário para a agência. E a agência me indica: uma medalha de honra ao mérito. A Brahma era um dos principais clientes da Standard Ogilvy, e a agência não correria o risco de indicar alguém que não fosse de extrema confiança. Sem dúvida essa foi uma imensa vitória naquele momento. No dia 1º de setembro de 1988, com 21 anos, inicio o ensaio para a minha carreira de executivo, como estagiário da área de marketing da Brahma. Divido mais uma vez sem pestanejar: o mais emblemático em minha trajetória é de fato a velocidade com que as coisas aconteceram. Ou, por outra, a transformação veloz da minha vontade em resultado. Com 20 anos sou estagiário de tráfego em uma agência de propaganda. Quatro anos mais tarde, com 24, valho US$1 milhão para uma companhia de cerveja. Fui avaliado, mas essa história eu conto mais tarde. Por enquanto, estou só começando na Brahma.

Duas notas de página, antes de prosseguir pelos corredores da cervejaria.

Desde os tempos da área de tráfego da Standard Ogilvy, ouço: "Você está performando. Dando tudo de si. Muito bom." Isso é raro no meio empresarial e executivo. Elogio. Se merecido, claro. Apontar qualidades. Estimular. Reconhecer. Chamar a atenção para os pontos positivos. Engrandecer. Mesmo!

E assim deveria ser em nosso cotidiano. Em nosso dia a dia. Ficar atento às qualidades de quem nos cerca. Elogiar. Dar atenção merecida. De quem quer que seja. Um belo atendimento de um garçom deve ser apontado. Um banheiro bem-cuidado de um shopping center merece nosso elogio a quem ali trabalha. Um gesto de atenção e carinho de um irmão deve ser percebido e dito. Assim alimentamos o mundo com luz, e dele rebemos também, em igual porção. Amor.

A segunda nota de página diz respeito à faculdade, ao que se aprende no curso de comunicação social. Ao que se depreende. Matérias teóricas, aulas práticas, tudo cartesianamente estabelecido. Mas e o estímulo à capacidade de buscar o novo, e o estímulo à capacidade de identificar alternativas? Se naquele tempo isso já seria vital, hoje em dia é absolutamente mandatório.

O mundo está em transformação diária, revoluções dinâmicas e se faz fundamental se reinventar todo o tempo. E, de fato, pelo menos naqueles anos, nada disso foi sequer mencionado. Além disso, também não recebo em minha graduação qualquer conhecimento quanto ao ato de empreender. Quanto ao ato de construir. Quanto ao ato de contribuir com o país. Nenhuma dúvida de que o crescimento de uma nação passa necessariamente pela capacidade da iniciativa privada. E por incrível que possa parecer, absolutamente nada disso foi mencionado no meu curso.

Não tenho conhecimento de como a graduação de comunicação social está configurada nesses dias tão velozes, mas tenho, sim, certeza de que seja nesse curso ou em qualquer outro, duas disciplinas deveriam ser cruciais em uma faculdade: a reinvenção e o empreendedorismo.

Voltando à minha saga na Brahma, eu estava entusiasmado com a vida, era a minha chance em uma grande empresa.

Sou estagiário do marketing. Uma das mais importantes executivas da área era considerada uma mulher difícil, temida por todos. Mas me dou muito bem com ela. Tenho uma característica natural: me dou bem com pessoas difíceis. Já afirmei: sou um político e um negociador. Lembrando que é perfeitamente possível levar boas relações com pessoas "difíceis". Depende da lente que usamos. De como conduzimos.

É importante sentir o mundo externo nascendo em nosso peito. Com isso, consigo transitar. E chafurdo em várias vertentes dentro do departamento de marketing, esquadrinho tudo. Percebo. Mapeio. Não fiz nada de emblemático nesse primeiro *round* na Brahma, até porque era apenas um estagiário. Lembro-me, mais uma vez, da palavra "detalhe" me guiando. Lembro-me de pensar as minhas tarefas, por mais insignificantes que fossem, com visão esférica, com a visão de oferecer soluções inovadoras e diferentes. Transbordando. Tudo pode ser amplificado, tudo pode ser melhorado. Sem limite. Por mais óbvia que seja a tarefa, a ação, a relação. E assim sigo firme no meu propósito de ir além. Como isso pode ser feito de um jeito que vai gerar valor, vai gerar posicionamento, de uma forma que as pessoas percebam de maneira amplificada o meu trabalho? Os resultados do meu trabalho. Reafirmando: detalhe associado à visão esférica, meu binômio.

Meu tempo como estagiário de marketing da Brahma durou pouco. Muito pouco. Logo surge uma posição na Standard Ogilvy. E sou contratado pela primeira vez. No segundo semestre de 1988, eu com 22 anos, viro executivo de atendimento de uma das agências mais conceituadas do país. Na área de atendimento, você tem o supervisor de conta, o diretor de conta e o diretor de atendimento. Eu passo a atender justamente a Brahma. Claro. Oportunidade construída. E, aliás, temos aqui um ponto: evidentemente oportunidades surgem, mas acima de tudo, oportunidades podem e devem ser construídas. Se decidimos construir uma oportunidade com vontade, com convicção e força, muita força, ela surgirá. Oportunidades nascem não no mundo externo, mas muito antes disso, dentro de nós.

A posição do atendimento é crucial, entre os objetivos do cliente (sempre mais pragmáticos) e os desejos da turma da criação (sempre mais lúdicos) da agência. Publicitários são artistas, lembrem--se. E, como tais, são temperamentais. Para manter a paz entre as duas pontas, eu mergulho nos *briefings* do cliente para a criação. Construo *briefings* absolutamente detalhados. Tenho uma bagagem cultural que me permitiu agir assim. Sempre li muito, sempre me interessei por assuntos diversos, e por isso podia enriquecer as ideias. Mais uma vez: ir além.

Ótimos *briefings*. Mas não era tudo. Negociar entre o cliente e a criação também era essencial. E mais uma vez minha capacidade de identificar esfericamente e em detalhes visões, objetivos e desejos de cada parte foi de fato fundamental. Não há dúvida que uma boa condução no que se refere à relação dessas duas pontas é determinante para uma campanha criativa e ao mesmo tempo eficiente.

E transbordando ao mundo publicitário, assim o são nossas vidas cotidianas. Agregar pontas. Entre nós e as pessoas a nossa volta. Compreender as posições distintas e a sua própria, e assim buscar mais resultados, mais eficiência. Que em nosso dia a dia se traduzem em serenidade e felicidade.

Simples assim.

Não transcorrem cinco meses e a própria Brahma quer me contratar. Agora não mais como estagiário, mas como executivo. Oportunidade construída. Velocidade máxima. Começo o ano de 1989 como um dos gerentes de produtos Brahma.

No final daquele ano, o Banco Garantia assume a Brahma, então uma empresa controlada por duas famílias conforme mencionei anteriormente. O Garantia foi fundado no Rio de Janeiro por Jorge Paulo Lemann, na década de 1970. Durante muito tempo, ocupou o pódio como um dos mais prestigiosos e inovadores bancos de investimento do país. Inovadores. O time do Garantia não entra para perder ou vacilar, entra na Brahma varrendo tudo, limpando a poeira, sacudindo o tapete. Em poucos meses transformam a essência da empresa. O espírito da empresa. Um momento muito emblemático não só na minha vida executiva, mas, acima de tudo, pessoal.

A prova cabal de que a capacidade de transformação do ser humano é imensa. A depender da decisão de cada um de nós. Transformação em qualquer nível. Transformação em qualquer dimensão. A companhia era atendida por cinco agências de publicidade. Saem todas. E contrata-se, então, a Fischer & Justus. Um momento de muita tensão. E, ao mesmo tempo, de oportunidades gigantes. O famoso ideograma chinês de crise, uma mistura dos ideogramas de perigo e *oportunidade*. As transformações no departamento de marketing são capitaneadas pelo diretor de marketing, Alberto Cerqueira Lima, hoje presidente no Brasil da consultoria americana Copernicus Marketing Consulting:

" A Brahma era uma empresa muito familiar, confortável para se trabalhar. Não éramos cobrados por resultado. E, sim, por comportamento. Quando entrou o Garantia fui enviado, juntamente com outros dez executivos, para uma viagem de benchmarking. Fomos para os Estados Unidos, Canadá, Alemanha e Malásia. Na volta, o novo presidente da Brahma, Marcel Telles, me chamou na sala dele para discutirmos a nova estrutura do departamento de marketing, que tinha então 15 funcionários. Eu disse a ele que, apesar de bons profissionais, ninguém possuía o novo perfil que a companhia queria. Ele me disse: 'Demite todo mundo.' Eu argumentei: 'Marcel, você está louco. Tenho várias campanhas em andamento. Não posso demitir todo mundo. Não é simples assim.' A reposta que recebi foi: 'Melhor esperar para pilotar um Boeing do que ficar o resto da vida pilotando um Teco-Teco.' De todo o departamento, o Calainho foi o único que permaneceu. Ele tinha o perfil Garantia. A nova Brahma precisava de gente com capacidade de risco, agressiva, arrojada, criativa. Apesar de jovem, o Calainho encaixava-se perfeitamente. E começamos, nós dois, a reconstruir o marketing da Brahma. Com o passar do tempo, ele mostrou ser exatamente aquilo que o Marcel e eu achávamos que seria. O Calainho é destemido. **"**

A nova ordem é que cada gerente de produto apresente uma estratégia, um planejamento para a sua linha. Uma nova estratégia, um novo planejamento. Uma forma para que a nova direção da empresa possa avaliar os executivos que ali estavam. Mais uma vez: tensão e oportunidade. Mergulho fundo nesse trabalho. Obsessiva e apaixonadamente. Aliás, sem paixão, nada feito...

E eis que não só mantenho minha posição dentro da companhia, mas "me promovo" (bom ponto: as pessoas não são demitidas nem promovidas, na verdade, elas que se promovem ou se demitem, isso é fato) a gerente de produto da cerveja Skol. Foi um imenso desafio, até porque era um produto dentro da companhia (até aquele momento) sem qualquer prestígio ou foco, de baixíssima expressão no mercado.

Abril de 1990. Trabalhando junto com a agência, nós reposicionamos o produto. Transformamos a Skol em uma cerveja jovem. Bingo! Reinvenção. Nunca o posicionamento de uma cerveja havia sido direcionado para o segmento jovem dentro dos modelos que foram criados. E eu, como gerente de produto Skol, mergulho na ideia. Eu me apaixono pela ideia. E claro, pelo desafio de colocá-la de pé. Fazer acontecer. Com vontade. Muita vontade.

Naquele período muitas coisas foram criadas, produzidas, feitas. Mas sempre com uma cabeça de desconstrução, de reconstrução, de novos caminhos. Filmes publicitários inovadores (fomos até Búzios filmar três roteiros de trinta segundos, um deles em um imenso veleiro). Cerveja e vela..., patrocínios ligados a esportes radicais (mountbikes, ultraleves etc. Cerveja e esportes radicais...? Nunca antes) Eventos ligados a música (um deles, inclusive, instrumental...). Além disso, embalagens diferenciadas foram pensadas e lançadas. Um exemplo: a SkolFest, um barril com cinco litros de cerveja...

Posso, com muito orgulho, afirmar que tive o privilégio de participar de algo histórico, inovador e "contramão". E isso tudo em apenas um ano de trabalho, de entrega e de paixão, o que foi essencialmente o tempo em que fiquei "à frente" do produto.

Obviamente após "minha gestão" a companhia seguiu com a estratégia, com imenso foco. Skol hoje? É a cerveja mais vendida do Brasil e a terceira mais vendida em todo o mundo. Reinvenção pura. Reinvenção da cerveja. Skol!

Mas voltando ao final do ano de 1990: ganho o prêmio de melhor executivo da companhia, um bônus de sete salários. Aliás, um dos grandes pilares do time Garantia. Meritocracia. Valorização do talento.

Respeito por quem gera resultados. Estímulo. Já mencionei e aqui repito. Assim na vida deve também ser. Valorizar quem deve ser valorizado. Sempre.

Bônus na mão: compro meu primeiro carro. Um Gol. Boas memórias. Resultado da minha vontade, do meu foco. Resultado daquilo que defini como um objetivo. Resultado nascido dentro de mim. E obtido a partir daí. E tão somente daí.

A Brahma foi uma escola. Uma inspiradora (adiante voltamos a esta palavra vital). O time do Garantia tem imensa importância na construção deste empresário. A filosofia: arriscar, perseverar, fazer. Ou seja: risco e vontade. Não por acaso, Lemman, juntamente com seus sócios Marcel Telles e Calos Alberto Sicupira, figuram na lista dos empresários mais bem-sucedidos do planeta. Na metade dos anos 1990, compraram a arquirrival Antarctica e criaram a AmBev, maior cervejaria do país. A partir daí, o trio apostou no avanço no exterior, até que, em 2004, costurou a união com os belgas da Interbrew. Na sequência, em 2008, compraram a Anheuser-Busch (dona da marca Budweiser, entre outras). O resultado é a maior cervejaria do mundo em volume e vendas. A AB Inbev, em 2012, gerou receita líquida de 39 bilhões de dólares.

Minha passagem pela Brahma foi emblemática. Essencial para a minha visão como executivo e, posteriormente, como empresário: reinventamos modelos de marketing aplicados a uma cerveja, criamos um conceito completamente diferente de tudo que existia no mercado. Sem nenhuma dúvida, a Brahma terá para sempre sua marca inscrita — a qualquer tempo — nas referências de negócios no Brasil. E que privilégio ter participado disso.

Minha cabeça, de um jovem executivo, amplificava e fortalecia um pensamento: "Tenho absoluta capacidade de crescer com essa companhia." Sem que eu tivesse a clareza exata, havia encontrado (e buscado!) uma empresa com gigante sintonia com aquilo que eu sempre fui, ainda que não tivesse consciência cristalina disso. "Vou crescer nesta empresa entregando minha energia e, ao mesmo tempo, absorvendo energia dela." Estava em comunhão com a minha verdade. Com a verdade de uma pessoa que se estimula muito, o tempo todo, ao extremo.

Eu me provoco. Eu me pergunto. Assim faço acontecer, planejando, mas ao mesmo tempo intuindo, crendo e vibrando. Acreditando e confiando muito em meu instinto. Algo que a sociedade contemporânea de fato pouco estimula — razão e instinto. Polos opostos mas ao mesmo tempo vitais. Polaridades que devem trabalhar em conjunto, em harmonia, em sincronicidade — instinto nas relações familiares, amorosas, profissionais. Ir além da consciência racional. Permitir a si mesmo acreditar no que não é objetivo, palpável, concreto. Evoluir e se deixar levar pelo instinto, transcender.

Porque cargas d'agua sou assim? Não herdei dos meus pais. Como já disse, meu pai foi um homem classicamente de carreira, muito bom no que fazia, muito estudioso, mas linear. Focado, mas circunscrito à competência do que fazia. Ele me incentivava com o orgulho que sentia de mim, mas nunca teve uma postura arrojada, nunca optou pelo risco.

Creio que por instinto (de novo!) construí meu perfil, minha maneira de ser. Descobri minha verdade e fui em busca dela. Quero destacar que não há nem bom nem ruim, o que há é a busca pela nossa verdade. Cada um tem (repito quantas vezes forem necessárias) a capacidade de se construir, de buscar sua essência, sua verdade.

E uma das minhas verdades é querer fazer diferente o tempo todo, inovar, alternar, recriar. Se o mundo está indo para cá, quero ir para lá. Entendo que na vida profissional temos que surpreender. Surpreender os chefes, os clientes, a nós mesmos. Admiro profundamente a palavra "surpreender": "Atacar de surpresa. Apanhar ou atingir (alguém) subitamente.."

Mas também na vida pessoal surpreender é especial, um ato de entrega, de atenção. Surpreender nossos pais, filhos, amores e amigos. Surpreender com amor, sempre.

E surpreender tem definitivamente imensa comunhão com empreender. Empreendedor: "Aquele que é capaz de conceber, realizar e coordenar projetos, negócios." Empreender é criar. Seja um empreendedor, sempre, seja qual for a sua função. Como estagiário e como executivo fui empreendedor. E agora, como empresário, sou empreendedor.

> E uma das minhas verdades é querer fazer diferente o tempo todo, inovar, alternar, recriar. Se o mundo está indo para cá, quero ir para lá.

Empreenda na vida, transforme. Empreender é um ato de criação, e cada um de nós, sem exceção, tem imensa capacidade criativa, é só deixar fluir.

Credito também minha veloz ascensão à vontade, característica vital. Vontade de trabalhar, de fazer diferente, de surpreender. Vontade, no fim das contas, de empreender. Exercite sua vontade. Alimente sua vontade. Promova sua vontade. Alguns sinônimos de vontade segundo o dicionário: arbítrio, energia, força, pujança e robustez — vontade é liberdade.

Minha vontade na Brahma foi tamanha que, aos 24 anos, com menos de três anos de empresa, valho US$1 milhão para a companhia. O mais estapafúrdio (será?) estava para acontecer com a minha recusa ao US$1 milhão. Mais uma vez peço demissão. Como isso aconteceu, é outra história.

ACREDITAR

ACREDITAR

CAPÍTULO**10**

10. ACREDITAR

acreditar (a.cre.di.*tar*) *v. td. tr.* **1** Crer como verdadeiro. *int. tr.* **2** Ter confiança em. *td.* **3** Considerar provável. *tdp.* **4** Considerar que (alguém) tem certa qualidade. *td.* **5** Credenciar (alguém) como representante de (país ou instituição). [Antôn.: *desacreditar.*]

Dicionário da Língua Portuguesa Evanildo Bechara

acreditar *v.* **1** *t.d., t.i. int.* aceitar, estar ou ficar convencido da veracidade, existência ou ocorrência de (afirmação, fato, etc.); crer <é *difícil a. na justiça*> **2** *t.i.* supor ou intuir boas intenções, finalidades; confiar <*acredite nele e empreste o dinheiro*> **2.1** *t.i.* julgar ou pensar possível ou provável a realização de (possibilidade ou probabilidade) <*a. na vitória*> **3** tornar-se digno de estima e confiança <*acreditou-se definitivamente perante os colegas*> SIN/VAR achar, crer, julgar.

Dicionário Houaiss da Língua Portuguesa

acreditar. [De *a–* + *crédito* + *–ar.*] *V. t. d.* **2.** Ter como verdadeiro; crer. **3.** Dar ou estabelecer crédito a; afiançar. **4.** Conceder reputação a; tornar digno de crédito, confiança; abonar. **9.** Julgar-se, crer-se.

Dicionário Aurélio da Língua Portuguesa

A pergunta persiste, persevera, retorna: por que um cara, diante da proposta de ganhar US$1 milhão por ano, pede demissão? Verdade, nada mais do que a minha verdade.

Tudo começou com um telefonema à tarde no final de 1990. Eu era então um jovem executivo com uma carreira promissora dentro da Brahma. Um executivo com um perfil absolutamente em linha com o padrão Garantia e tudo ia perfeitamente bem na empresa. Do outro lado da linha, uma voz feminina diz: "Calainho, aqui é da Sony Music, temos uma posição de gerente de marketing. Você tem interesse em vir conversar?" Respondo sem pestanejar: "Sem dúvida!" Bater papo, trocar ideias, ouvir propostas... Significa estar aberto a oportunidades. Para novos caminhos. Sem travas ou confortos. E este é o ponto: nada de "preconceitos". Amplitude. Liberdade. Na vida executiva e empresarial.

Marcamos uma reunião, e alguns dias depois entrei no escritório da gravadora, na Praia do Flamengo, número 200. Na recepção, nos corredores, trançando para lá e para cá, vejo gente diferente. Ninguém tem ar de executivo. Pelo menos o tipo de executivo com quem convivo na Brahma. Gosto da vibração. E isso é fundamental. Vibração é uma palavra importante: "Ação ou efeito de vibrar. Oscilação rápida. Entusiasmo, empolgação. Tremor." Como já disse aqui, temos que nos permitir, temos que dar espaço para a intuição, para sentir esse tremor. Sim, esses tremores que estão sempre presentes e que só não percebemos se não estivermos abertos. Conectados. Somos demasiadamente programados nesta sociedade dita contemporânea para sermos essencialmente racionais. Portanto, mais intuição. Mais intuição e mais intuição.

Sentado na recepção da Sony, faço isto: dou imenso espaço para minha intuição. E me permito ficar fluido, sentindo um pouco o que era aquilo ali, aquele ambiente de trabalho tão diferente, tão estranho para mim. E ao mesmo tempo tão sedutor. Tão verdadeiro. Lembro-me naqueles minutos na recepção dos meus anos de amizade com Márcio Menescal. Nossa equipe de som. Nossos discos. Viajo no tempo. E começo a me encontrar. A me aproximar da minha verdade maior. A me apaixonar.

Finalmente me chamam e entro na gravadora.

Sou entrevistado por uma pessoa que se chama Lúcia Helena. Em nossa conversa ela me conta sobre o que exatamente era uma gravadora, as áreas da empresa, a relação com os artistas, com o mercado, com a mídia. Ela me diz que a indústria da música está em franca ascensão e que estavam em busca de um executivo de marketing que viesse de outros mercados, exatamente para agregar à companhia novos conceitos, novos modelos. Reinvenções. *Adoro a conversa*. Em seguida, me fala da posição de "gerente de marketing especial", uma área em que a empresa desejava investir pesadamente assim que um novo executivo fosse contratado. Desafio. *Adoro mesmo a conversa*. Ela me diz que, uma vez contratado, esse executivo faria duas grandes viagens internacionais: uma delas para uma importante convenção de marketing especial nos EUA e a outra de intercâmbio com subsidiárias da Sony Music pelo mundo, entre elas a Sony Music França, a Sony Music Alemanha, a Sony Music Canadá e a Sony Music EUA. *Amei a conversa*.

E eu, claro, do lado de cá, conto sobre minhas experiências, meu perfil, minhas vivências pessoais (obviamente falo dos anos de equipe de som não como parte do meu currículo, mas muito mais como parte da minha alma. Minha verdade) e vivências executivas (Standard Ogilvy e Brahma). Falo com entusiasmo, com paixão. Com vontade. Afinal, estou apaixonado.

Por fim, nos despedimos.

Volto para a Brahma com a cabeça a mil. Em ebulição. Em sublime desconforto. Como assim? Estou tão bem-posicionado na Brahma, acabei de receber um bônus. Sou prestigiado e tenho uma imensa carreira pela frente... Mudança? É isso. Por mais insólito que possa parecer, temos que nos permitir. Vencer a inércia do conforto. Pensamentos acelerados. Estou a milaço!

Alguns dias após o primeiro encontro, mais uma vez o telefone: "Calainho, gostei muito do nosso papo, mas a contratação não é uma decisão minha. Estou conversando com algumas pessoas para fazer uma seleção e, na sequência, encaminhá-las para entrevistas com Roberto Augusto, nosso vice-presidente. Você topa continuar a conversa?" E mais uma vez sem pestanejar: "Claro, Lúcia. Tenho o maior interesse." Mas a verdade é que eu ainda não tinha tomado qualquer decisão. Estava me permitindo. Estava me deixando levar para uma situação limite. E disto eu tinha plena consciência.

Lúcia Helena ocupava o cargo de gerente administrativa, pessoa de alta confiança do Roberto Augusto. Na semana seguinte, lá estou eu de novo, sentado na recepção do escritório na Praia do Flamengo, uma sala decorada com muitos pôsteres de artistas, imagens de capas de LPs (sim, LPs!), músicas tocando... e mais uma vez, viajo no tempo.

Quando começo a conversar com Roberto Augusto, logo de cara, percebo: "Esse cara é um gênio." Visão esférica. Detalhe. Reinvenção. Contramão. Fico visceralmente impactado pelo discurso. Pela forma com a qual as palavras são usadas. Pela energia. Pela transcendência. Pela paixão. Ele aprofunda as informações que havia recebido da Lúcia. E definitivamente me apaixono pelo segmento. Arte, negócios, marketing, entretenimento, música. Eu me encontro profissionalmente. Descubro o quero da vida.

Então é assim: nos abrir para alternativas, possibilidades, recriações, reinvenções, sem nenhuma dúvida pode alternar para sempre o curso da nossa vida. Seja ele profissional ou, acima de tudo, pessoal. Benção.

Segue a conversa...

Ainda por cima, me oferece uma belíssimo pacote de remuneração: salário em dólares (na época, um simpático ativo), bônus ao final do ano atrelado a resultados (e aí deixa comigo, penso!) e ainda viagens internacionais para troca de experiências com outras subsidiárias Sony Music. Era o ano de 1991. As gravadoras iniciavam seu apogeu com a chegada do CD. A grande década da indústria da música no Brasil. A Sony, inclusive, havia sido pioneira na comercialização do novo formato (CD) em 1990. Oportunidade tsunâmica. Ponto.

Terminada a conversa, saio com a mente em chamas, e em debate caloroso comigo mesmo: "Adoro a Brahma, a companhia tem um viés absolutamente em linha com o meu viés. Mas por outro lado, trabalhar na Sony, trabalhar com arte diretamente... Com música. Com paixão. Vou me relacionar com todos os veículos de comunicação, afinal música está em toda parte. Vou me relacionar com todo o showbiz. Terei o privilégio de trabalhar com artistas que admiro, pessoas especiais e ricas cultural e multiculturalmente. Farei parte de uma corporação multinacional cujo foco é música. Eu me relacionarei com Sony's de todo o planeta." Enfim, me apaixono pela proposta.

E decido. Intuindo e racionalizando. Aproximando minha intuição da minha razão. Porque de fato este é o grande binômio de nossa vidas.

Digo sim para a Sony Music. Digo sim para minha verdade.

Um "sim" que virou "não" e depois virou "sim" novamente. E virou "sim" em um show do Julio Iglesias. Aliás, após o show, no camarim do artista. Mas antes de prosseguir com minha efervescente e inusitada negociação (especialmente comigo mesmo), algumas considerações sobre os quês e porquês que me — acima de tudo — emocionaram na proposta da Sony.

Antes de mais nada, a amplitude, o espectro de trabalho. A abrangência. A ausência de limites criativos. Sou um cara, por natureza, amplo. Essa é a minha verdade. Gosto de muitas coisas, tenho mil interesses, minha cabeça gira 360 graus em volta do pescoço. Visão esférica, lembram? Pois bem. A gravadora dispôs na minha frente o mundo. Não meramemte o mundo geográfico, físico, mas muito além disso, o mundo de opções, alternativas, reinvenções. Música está em tudo. Música FAZ parte da vida. Inexoravelmente. Está no rádio, no cinema, no dia a dia em casa, no carro, na casa noturna que você frequenta, no show a que você vai, no jantar da família, no encontro com a namorada ou esposa, no restaurante predileto. Um "produto" que está em toda parte. Espetacular!

E se liguem (com o perdão do trocadilho) que na época não havia web, TV a cabo, *smartphones*, iPods, mas mesmo assim a música já estava em toda parte. *Toda*.

Não existe vida sem música. Não podia haver melhor negócio, portanto, do que vender música, sonhos, emoção e felicidade. Não entendia nada do mercado fonográfico como negócio, mas, de certa forma, sabia o que me esperava, intuía, e queria com a minha mais profunda verdade pagar para ver. Aliás, nada mais libertador do que pagar para ver.

Sou e sempre fui um apaixonado por música. A possibilidade de trabalhar com artistas bateu na alma. E havia, claro, a minha curiosidade. "Curiosidade" é outra palavra imprescindível: "Interesse intenso por conhecer ou saber alguma coisa." Acreditem, é limitador não ser curioso. Quando você tem curiosidade, você está vendo, olhando, escarafunchando. Perguntando. Se perguntando. Curiosidade salva. Se é que você me entende.

Com minha decisão tomada e verbalizada, vem o terceiro telefonema: "Calainho, conforme já falamos, estamos fechados com você. Tudo certo. Mas precisamos que você venha ao escritório para um encontro com o presidente da Sony Music Brasil. Ok?" Tudo ótimo, certamente. De novo, me encontro na Praia do Flamengo, dessa vez para conhecer Cláudio Condé, presidente da empresa. A imagem dessa reunião ficou gravada, tatuada na minha vida. Eu, com 25 anos, sentado à mesa com o vice-presidente e o presidente da maior gravadora do país e do mundo. Foi um encontro puramente formal, mas absolutamente emblemático para mim. Ao final: "Quando você começa?" Respondo: "Em trinta dias." Voo para a Brahma com o objetivo de comunicar minha saída, minha demissão. Só que... me atiram na cara US$1 milhão.

Um dia depois de ter comunicado minha decisão para meu chefe imediato, meu telefone toca. Do outro lado da linha, dessa vez, Alberto Cerqueira Lima, diretor de marketing da Brahma: "Calainho, fiquei sabendo que você quer sair da empresa. Conversei com o Marcel (Marcel Telles, sócio da companhia e um dos sócios de Jorge

Paulo Lemann conforme já comentei) e ele propôs que você, antes de tomar a decisão final, venha almoçar na sede do Banco Garantia." Fico embasbacado, sem fala, engasgo. Um almoço para mim, no banco, o mais poderoso banco de investimentos do país? O Garantia era um mito na época. Aliás, era e sempre será um mito. De arrojo, inovação, reinvenção. Garantia controlador da Brahma.

Minha decisão estava tomada, mas jamais me furtaria desta conversa. Deste almoço.

E lá vou eu para a sede do banco na avenida Almirante Barroso, número 52, no Rio.

No almoço, oito executivos do banco, e eu, com 25 anos, penso: "Porra! Quatro anos antes, eu era um estagiário." Na essência a conversa tratou da filosofia do Garantia, do quanto aqueles executivos acreditavam no Brasil e na Brahma, e do quanto valorizavam talentos, acima de tudo. Ao final, trataram de me seduzir (no bom sentido da palavra), de me apontar o quanto meu perfil se integrava perfeitamente ao do Garantia. O quanto minha visão esférica, ampla, arrojada e criativa se adequava à visão da nova Brahma, e o quanto eu cresceria com a companhia: "Vamos transformar a Brahma em um negócio imenso, planetário. Ano que vem, não tenha dúvida, você ganhará US$1 milhão. Você é um executivo *'outstanding'*, não vamos perdê-lo. Você é do nosso time."

Na filosofia do Garantia, seu resultado está diretamente relacionado ao seu desempenho, aos resultados que você gera, o que de fato é a regra da nossa vida, profissional ou pessoal. Nossos resultados de vida estão intrinsecamente vinculados ao nosso desempenho, às nossas convicções, aos nossos pensamentos, à nossa vontade. Trata-se de assumir o comando e se responsabilizar por você, e resolver. No caso do

Garantia, ganhar dependia tão somente de cada um, portanto, aquele milhão já era meu.

Aquele almoço, com tudo o que ele representou e simbolizou, quebrou, pelo menos temporariamente, minha convicção. Mais uma vez trago as palavras de Alberto Cerqueira Lima:

❝ Quando fiquei sabendo que o Calainho ia para a Sony, não acreditei. Falei com o Marcel e liguei para ele para convidá-lo para um almoço. No telefonema lembro-me de ter dito: 'Calainho, você está doido. Você tem um futuro incrível dentro da Brahma. A Sony é uma gravadora. O que é que você entende de gravadora?' Fizemos de tudo para segurá-lo. Mas não teve jeito. Ele foi. E foi muito bom para ele. O Calainho fez uma carreira brilhante. Está fazendo uma carreira brilhante. Um episódio engraçado é que, algum tempo depois, eu liguei para ele para falar da minha filha, Patrícia. Disse que ela era um Calainho de saias. Patrícia acabou indo trabalhar na Sony. E o Calainho deu uma enorme força para ela. **❞**

Um dia após o almoço na sede do Garantia, mando uma carta para a Sony, peço desculpas e retiro meu "sim". Um misto de ego (muito cuidado com ele, sempre) associado à questão financeira e, claro, à anulação (ainda que passageira) da minha intuição. Jamais devemos anular ou fugir da nossa intuição. Da nossa verdade, jamais!

Por quê?

Porque a verdade bate à nossa porta. Nesse caso, na minha porta. Ou melhor, ela esmurra minha porta. Arromba minha porta. Passo os próximos trinta dias em desconforto absoluto. Minha mente racional tende a ficar na Brahma, mas o meu corpo fala, meu inconsciente fala... Minha intuição prepondera. Tudo grita. Estou triste. Não consigo ficar feliz, não consigo prosseguir.

Repito com plena convicção que temos sempre que dar voz à alma, ao coração, à intuição e à nossa verdade. Não há como se pautar somente pela razão. Naquele momento meus pais diziam que eu seria louco se largasse a Brahma para me arriscar em um mercado absolutamente desconhecido para mim. E eles, dentro da sua visão, tinham até razão. Por um lado, aceitar a proposta da Sony significaria entrar em um negócio distante do meu conhecimento profissional. Por outro, meu futuro financeiro estava garantido na Brahma. E claro, não se tratava só de US$1 milhão no ano seguinte. Na companhia eu sabia o que fazer e sabia exatamente o que minha capacidade de trabalho e criação seria capaz de alavancar. Olhando para trás, eu certamente teria construído uma história vencedora na empresa. A Brahma tornou-se Ambev, que virou Inbev, que, por sua vez, se transformou em AB Inbev — a maior companhia de cerveja do mundo, uma companhia planetária, como ouvi naquele fatídico almoço há mais de duas décadas. O negócio cresceu estratosfericamente e eu estava no barco. Talvez hoje eu fosse um homem de US$100 milhões, em caixa. Mas decido voltar atrás. Decido ir para a Sony Music. Decido arriscar em busca do meu sonho. Da minha felicidade. Da minha (de novo!) verdade.

Minha família não acredita na minha posição. Digo: "Vou arriscar, sim." E começo a correr atrás do prejuízo. Decisão tomada, vontade na pauta. Havia se passado um mês desde que enviei a carta para a Sony recusando a proposta que tinha aceitado.

Agora era, então, a minha vez de pegar o telefone. Ligo para a Lúcia Helena, conto o meu périplo e pergunto: "Ainda tenho chance?" Ela responde: "A posição continua aberta, mas, Calainho, caramba, esse vai e vem não dá." Dá sim, penso comigo.

Esse é um ponto fundamental: na vida sempre me permiti voltar atrás, me dar uma chance, rediscutir comigo mesmo, repensar se estou agindo com o coração. Com atenção a minha intuição. Com minha verdade.

Lúcia me oferece um convite para um show do Julio Iglesias, no Maracanãzinho, um dos maiores artistas da Sony na época. Roberto Augusto (na época, vice-presidente da companhia, como já mencionei), obviamente, estaria no show. Chego, sento-me ao lado dele e sou recebido com absoluta frieza. Absoluta frieza. Fim do show e sou convidado pelo Roberto para ir ao camarim.

> Na vida sempre me permiti voltar atrás, me dar uma chance, rediscutir comigo mesmo, repensar se estou agindo com o coração.

Aguardamos um pouco, e eis que surge o artista com um tom mágico que o envolve, dada sua magnitude no mundo da música. Esse encontro foi especialmente marcante para mim, dado que foi o primeiro de tantos que posteriormente eu teria com muitos, mas muitos artistas.

Roberto me coloca ao lado de Julio e me apresenta para a ele: "Querido Julio, este é Luiz Calainho, novo gerente de marketing da Sony Music do Brasil." Foi um momento incrível, emocionante e, principalmente, surpreendente. Não tenho nenhuma dúvida de que o ato de surpreender (sempre!) ficou tatuado na minha alma naquele segundo. Esse é Roberto Augusto.

Julio vira-se para mim, aplica-me um tapa carinhoso no rosto (como de costume para os espanhóis) e diz: "Calainho querido, seja bem-vindo, esta é uma companhia muito especial. Suerte!"

Foi como um batismo. Minha entrada no mundo encantador e, ao mesmo tempo, desafiador do entretenimento se dá dessa maneira. Com um tapa no rosto de ninguém menos do que Julio Iglesias. Inesquecível.

A partir desse segundo estou dentro. Chego. Encontro meu caminho. Minha direção. Uma sensação indescritível de descoberta. Descoberta esta que todos nós devemos promover junto a nós mesmos. Sem recuo. Sem medo. Sem vacilo.

Minha entrada em uma gravadora é emblemática. Até então, a indústria fonográfica era um universo em que as pessoas circulavam de uma gravadora para a outra. Faz parte do portfólio das grandes sacadas do Roberto trazer alguém de fora, reinventar executivos e imprimir assim conceitos inovadores, conceitos mais profissionais na empresa. Sem dúvida o cara é um guru. Visão esférica, visão de negócios, visão política. Percebe e enxerga o todo. Com todas as nuances e detalhes. Certamente potencializei ao máximo estas características com ele. Mas o fiz por estar atento, por entender que por intermédio daquele executivo e suas ideias, eu poderia aprender, crescer. Portanto se trata de realmente estar plugado (expressão aliás muito utilizada por ele) nas oportunidades que se lhe apresentam. Sempre! Contratar um sujeito como eu para a Sony era enxergar a gravadora por um ângulo inusitado. Eu vinha de uma experiência profunda como executivo da Brahma. E de alguma maneira levei esse conhecimento para o universo das gravadoras. Minha contratação certamente se deu por isso. Buscavam (exatamente) um gerente de marketing oriundo de um mercado alheio ao mercado da música. Contramão. Roberto Augusto gostava da expressão: inventar pessoas. Evidentemente aquele mundo já existia na minha alma, mas certamente minha invenção, minha reinvenção, passou profundamente pela Sony Music. Porque assim eu desejei, porque assim eu me permiti, porque assim eu o quis.

Inicio minha história na Sony em abril de 1991. E damos a largada para a reinvenção da divisão de marketing especial. Mas antes de mergulhar na minha nova aventura (e não à toa, uma de minhas companhias tem esse nome), quero tratar de uma palavra (definitivamente) muito perigosa: ego, "a parte mais superficial do id, a qual pode ser modificada por influência direta do mundo exterior". Vi muitas carreiras se arrebentarem por conta do ego. Ele pode cegar. Eliminar qualquer possibilidade de visão esférica. Qualquer chance de reconhecer a intuição dentro de nós. E, portanto, atrair um nível de distanciamento do mundo, das pessoas, do amor, que certamente não contribuirá em nenhum nível para o crescimento pessoal e, acima disso, para o crescimento do ambiente ao nosso redor. É o dito "sapato alto". Se em qualquer ambiente empresarial e/ou pessoal a questão do ego já é um tema para ser levado muito a sério, em uma indústria conectada com artistas, mídia, glamour, esta atenção deve ser multiplicada pela enésima potência. Faz-se absolutamente mandatório gerenciar o ego, tentando a qualquer preço não subir no salto. Se você sobe, meu caro, elementar, corre o risco de cair. E cair lá do alto. Para se ligar: a conta é diretamente proporcional – quanto mais sucesso, mais gente para te bajular, mais gente para orbitar no seu entorno, mais gente para botar fogo na fogueira do ego. E o mais dramático, até porque o mundo nasce dentro de nós: mais você mesmo para se alimentar de você mesmo. Para se vangloriar. Para se deleitar. *Atenção*.

Recordo-me de uma passagem emblemática na Sony, bastante ilustrativa. Havíamos tido um ano excepcional, recorde de vendas, recorde de rentabilidade, primeiro lugar em *market share*, novos artistas estabelecidos... Ou seja, todos os motivos do mundo para o corpo de diretores da companhia subir no salto. Em um imenso salto. Gravadora, naquela época, era luxo, glamour e sedução. Mesmo! Genialmente, Roberto Augusto distribui havaianas na festa de final de ano para nós, diretores da Sony. O cartão acompanhando o item tratava: "Use sempre sua sandália." Um gênio na arte da liderança. Um nível de detalhe impressionante. Nos mínimos detalhes.

Louvo a cada dia esse "presente" (do universo) que recebi. Busco na minha vida cotidiana — empresarial e pessoal — minha sandália. E como é bom tê-la por perto, sempre!

Voltando ao meu começo na Sony, na diretoria de marketing, existiam quatro gerências.

1. Gerência de rádio, cujo o objetivo era, obviamente, buscar o máximo de execução dos artistas nas rádios do país. Era fundamental para alavancar uma carreira, um novo disco. Uma gerência com enorme estrutura.

2. Gerência de imprensa, que na verdade era uma assessoria de imprensa interna, responsável pela relação dos artistas com a mídia impressa.

3. Gerência de televisão, cujo propósito era promover ao máximo os artistas no maior número possível de programas de TV.

4. Gerência de produto, responsável por toda a arte/publicidade para o lançamento do artista, como capa, pôsteres, propaganda, material de merchandising e produção de videoclipes.

Assumo a gerência de produto. E me entusiasmo com as possibilidades. Assumo também o desafio de expandir a divisão, de marketing especial, construindo novos modelos e formatos no mercado brasileiro. Portanto, mais possibilidades pela frente. Entusiasmo absoluto. Em essência, a área de marketing especial deveria otimizar as vendas do catálogo da companhia. Otimizar as vendas de álbuns e músicas da gravadora. Artistas nacionais e internacionais. Um verdadeiro manancial.

Uma reinvenção do que já existia. Identificar, criar e relançar.

Traço aqui um paralelo com minha vida. Sempre busco perceber o que acontece à minha volta, com atenção e intuição. A partir daí me perguntar sobre novos caminhos, novas alternativas. E então, relanço, recrio, reinvento. Sem amarras, travas ou preconceitos. Afinal, temos dentro de nós um imenso manancial criativo e sagrado. Basta perceber. E querer vivenciá-lo.

Voltando à gravadora, entro de cabeça na gerência de produto. Construindo em conjunto com a equipe da companhia, empresários e artistas, os novos lançamentos da gravadora. Novos artistas e novos álbuns de artistas já estabelecidos.

Vivo nessa área um enriquecimento sem precedentes quanto às possibilidades de criação, como já mencionei, mas repito: discussão com os artistas e diretores sobre que caminhos tomar quanto aos videoclipes das novas músicas, conversas com designers e empresários sobre o conceito artístico das capas de discos, debates sobre que caminhos os publicitários deveriam estabelecer a cada novo álbum. Enfim, um universo imerso em criação profunda.

Sem dúvida, essa experiência me amplificou ainda mais o conceito de visão esférica. De novas rotas. De caminhos inovadores. E evidentemente me entreguei a essa viagem. Percebendo a imensidão dessa oportunidade e me alimentando diariamente dela. Intuir uma chance e mergulhar dentro dela. Pode e deve acontecer com cada um de nós.

Havia ainda a divisão de marketing especial, meu segundo objetivo na companhia. Naquele momento esse segmento significava algo em torno da metade das vendas da Sony Music em quatro países: França, Alemanha, Estados Unidos e Canadá. No Brasil, o catálogo da companhia era pouco otimizado, portanto havia muito a ser feito.

Logo nas primeiras semanas na empresa fico sabendo que serei designado para participar de uma convenção mundial em Miami — de marketing especial — e, na sequência dessa convenção, faria pequenos estágios nos quatro países pioneiros nesse segmento. Obviamente uma oportunidade única. Eu me alimento diariamente do desafio. Dos caminhos a serem reinventados.

O marketing especial se dividia essencialmente em três braços: o primeiro consistia na propriedade das compilações. Por exemplo: se você lançou o Greatest Hits de um determinado artista, você inventou um disco. Os fonogramas estavam lá, no catálogo da empresa, nos discos dos artistas, porém com baixos volumes de vendas. Buscam-se as principais canções e, Eureka, cria-se um novo produto. Você pode criar coleções, séries etc. Isso parece tão óbvio hoje, mas, na época, pouco se fazia neste sentido. Na linguagem da indústria, chama-se *concept products*; um segundo braço era agrupar produtos que já existiam, sem modificá--los, porém determinando um novo (mais baixo) patamar de preço.

A partir daí criava-se um conceito guarda-chuva. Nosso grande lançamento na época foi a série *Best Price*, sucesso absoluto de posicionamento e vendas. Agrupamos uma série de discos, criamos um selo vermelho, que vinha colado no CD, e fizemos uma megacampanha de marketing em torno dele. Essa categoria de reinvenção do catálogo chamava-se *catalog products*; por fim, o terceiro braço, o segmento chamado *special products*. Por exemplo: a Coca-Cola quer fazer uma promoção. Você cria o brinde a partir de uma coletânea de hits. Até então música pouco fazia parte do segmento promocional das empresas. Meu time e eu estruturamos uma campanha, fizemos um *kit trade* e o enviamos para as grandes agências de propaganda e deflagramos o modelo com intenso trabalho junto ao mercado anunciante. A campanha vendia a ideia de que música podia ser um item promocional, uma poderosa "ferramenta" de relacionamento — acima de tudo emocional — com consumidores e potenciais consumidores de marcas e produtos.

Hoje posso afirmar que trabalhar em uma gravadora na década de 1990 significou uma experiência única. Não poderia haver algo mais rico, mais profundo, mais amplo, com mais possibilidades criativas. Uma experiência especial também pelo constante desconforto, pela desconstrução e reconstrução diária. Pela importância de compreender com a exata dimensão o quão divina a palavra reinvenção é. A busca pelo novo, pela superação, pela transformação e pela evolução.

Por exemplo: um álbum do Skank vender 1,8 milhão de cópias com "Garota Nacional" como o principal *single* não significava que o sucesso se repetiria no próximo disco. Então o dia a dia era um processo de construção, desconstrução e reconstrução do próprio artista. Cada disco, uma história, e cada música, uma odisseia.

Em junho de 1991, embarquei para Miami, de classe executiva, com honras e pompas. Pela primeira vez estava viajando de classe executiva por obra e graça do meu trabalho. Eu, com 25 anos, rumo à América como um executivo de uma multinacional. Chego a Miami e sou recebido por um motorista com uma placa "Mr. Calainho". Percebo naquela placa o início de uma história que intuitivamente percebi como minha. Segundos emblemáticos que, acima de tudo, me fizeram confiar em mim. Acreditar em mim. Ter convicção em mim. Afinal, sem a energia vital construída dentro de nós e, acima de tudo, por nós... nada feito. Um momento mágico que me fortalece até hoje. Ou nos alimentamos, ou nos alimentamos. Ou temos convicção em nós, ou temos convicção em nós. Ponto.

Começa a convenção e fico atordoado. Uma experiência absoluta. Imenso aprendizado, profusão de novos conceitos. Um universo gigante se abriu diante de mim, uma avalanche de conhecimento que beirava o infinito. Loucura. E esta, aliás, foi apenas a primeira de tantas (certamente mais de vinte) convenções internacionais que tive o privilégio de participar. E que, além de tudo, proporcionavam um intercâmbio com países/executivos de todo o planeta. Todo o planeta.

Após Miami, meses depois, viajei novamente e estagiei nos departamentos de marketing especial da Sony Music França, Canadá, Estados Unidos e Alemanha, nada mal para um garoto de vinte e poucos anos.

Na Sony, minha vida foi, aliás, regida por aprendizados, surpresas, descobertas, reinvenções e muitas emoções. Toda segunda--feira acontecia uma reunião do time de marketing, na qual se discutiam os lançamentos dos artistas e a continuidade do trabalho dos discos já lançados. Logo de cara, na primeira reunião, eis que adentra a sala Paulo

Ricardo, líder do RPM, com um copo de uísque na mão. Era o auge da banda. O álbum *Rádio Pirata ao Vivo* havia vendido quase 3 milhões de cópias. Evidentemente estranho (mas confesso com um certo grau de curiosidade/interesse) aquilo: o artista invade a reunião, sem a menor cerimônia, bebendo uísque? Como é que é? Mas... naquele momento cai uma ficha crucial: agora tenho o privilégio (e como já comentei, as emoções) de trabalhar com "produtos"... *vivos*, muito vivos. Paulo Ricardo não só adentrou a sala, como chama a reunião para si, emenda uma segunda e começa a falar das ideias dele para o próprio disco. Aquilo foi emblemático e ao mesmo tempo insólito para mim: o "produto" fala, anda, dá palpite, debate, se emociona, fica feliz, fica triste... De fato, um novo paradigma. E mais uma vez, encontro uma oportunidade única de expandir — muita atenção para os sinais — minhas formas de percepção. Criar, planejar, debater e compartilhar ideias com artistas se transformaram em um mergulho profundo em novas formas, novos modelos. São artistas exatamente pela excepcional capacidade de — acima de tudo — transcender.

Fundamental: eu poderia considerar aquilo — a relação com os artistas — um problema a ser resolvido a cada reunião. Uma dificuldade de trabalho dia a dia. Mas, ao contrário, compreendi claramente a dimensão do "mágico" que se punha à minha frente. Não tenho nenhuma dúvida de que também a percepção e a vibração com a qual recebemos o que está à nossa volta certamente determina um bom caminho, se assim desejarmos. Mais uma vez, o mundo nascendo dentro de nós.

Lembro-me de um grande guru espanhol da indústria da música — Tomas Muñoz — me dizendo: "Querido Calainho, você precisa ter na cabeça que estamos aqui para servir aos artistas." Servir com criação, compartilhamento, debate, ideias e trabalho, muito trabalho. E de fato a palavra *servir* assumiu para mim toda a dimensão que ela oferece. Aprendi ali que servir aos artistas, à família, aos amigos e às paixões é uma imensa forma de amor. Servir ao mundo e também servir a si mesmo e, por fim, ao universo.

Mas no mundo glamoroso da indústria da música (em especial naquela época), executivos bradavam aos sete ventos para dizer que "fizeram" o artista A, B, ou C. Falácia total. Acima de tudo, de qualquer profissional da área artística, da área de marketing, está o talento. O executivo apenas potencializa e encontra caminhos para o reconhecimento desse talento, e aí se encontra o tão propalado sucesso, mas se não houver talento, nada feito. Trata-se portanto de não se posicionar acima, mas sempre ao lado, da construção conjunta, do trabalho unido em busca de um objetivo comum.

Voltando a tal primeira reunião de marketing; saí da sala com um britadeira em mente: "Opa, então tá, esse 'produto' aqui, ao contrário das latas de Skol, vai palpitar, participar, contribuir, discordar." Como já mencionei, tinha duas maneiras de encarar isso: rechaçar ou absorver a "interferência". Resolvi absorver, compreender e navegar, afinal política (no seu sentido mais amplo) e vendas (afinal estamos sempre negociando) fazem parte de mim. É importante dizer que a relação gravadora/artista sempre foi uma relação com certo grau de tensão (em certos casos para mais, em outros para menos). Os artistas, por excelência e até por definição, são emocionais. E na verdade se não forem assim, não são artistas... Mas passo a interagir de tal forma que em pouco tempo estabeleço um canal tranquilo com todos os artistas da Sony.

E de fato interagir significa compreender com clareza desejos, anseios, dificuldades, desafios, enfim, toda a gama de questões que nos cercam a cada dia. E claro, no caso dos artistas, isso obviamente se aplica à enésima potência. Mas, seja como for, se relacionar com o mundo (artístico ou não) de uma forma amorosa demanda de cada um de nós atenção e compreensão. Invariavelmente.

Na Sony, tive o privilégio gigante de me relacionar com artistas das mais diferentes matizes. Com os mais distintos formatos de pensamento. E agradeço todos os dias por essa oportunidade divina.

Roberto Carlos é um exemplo. Um mito. Mas, ao mesmo tempo, amor puro em forma de um ser humano. Mesmo. Posso dizer que nos tornamos próximos. Ele oferece ao mundo uma energia diferente de qualquer ser vivo que eu tenha conhecido. Inexplicável. Só é possível sentir. Roberto possui um magnetismo, algo especial. Tivemos uma troca profissional intensa e prazerosa. Ia até a casa dele (na Urca) para reuniões em que tive a chance de trocar boas conversas. Obviamente não concordávamos em tudo. Mas sempre trabalhamos em prol do melhor. Sou fã. De carteirinha.

> Seja qual for a área de negócios é preciso envolver e emocionar o time. Aliás, os conceitos hierárquicos de liderança em nosso mundo contemporâneo já não fazem mais nenhum sentido.

Em 1992, acontece uma convenção da Sony Music Brasil (as convenções da Sony Brasil são um livro à parte... quem sabe um dia?) em um hotel no Rio. Aprendi a importância e a relevância de incentivar a equipe. Aprendi, de fato, o significado de liderança. Seja qual for a área de negócios é preciso envolver e emocionar o time. Aliás, os conceitos hierárquicos de liderança em nosso mundo contemporâneo já não fazem mais nenhum sentido. Um líder o é não pela posição de um cargo. Seja um presidente, diretor ou gerente. Liderança de fato é aquela que trabalha de forma compartilhada, que vibra e sofre junto, e que, mais do que tudo, inspira a equipe. Com firmeza e assertividade construindo uma relação de admiração. A palavra "chefe" não tem mais sentido. Se é que você pretende ser de fato um líder. Em entretenimento isso se torna ainda mais crucial, essencialmente porque o produto é emocional.

Nesse mesmo ano de 1992, a divisão de marketing especial (uma das duas sob minha direção), passa a ser responsável por 23% das vendas da empresa. Nessa área, minha equipe era composta de três ases: Patrícia Cerqueira, Flávia Bravo e Alexandre Schiavo (hoje presidente da Sony Music Brasil). Orgulho-me muito de ter tido o prazer de trabalhar com eles. Em 1993, a divisão chega a 47% dos negócios da companhia, e por conta disso a Sony Brasil cresce e praticamente dobra o faturamento em dois anos.

Um dos negócios emblemáticos da área é um modelo que fecho com a (na época) W/Brasil, de Washington Olivetto. Ele andava às voltas com uma enorme campanha para a Sadia. Eram os cinquenta anos da marca: "A vida com amor é mais sadia." Lembra? Recebo então o seguinte telefonema do Washington: "Há uma canção que eu queria sincronizar na campanha, 'Perhaps Love', de John Denver e Placido Domingo. O disco está fora de catálogo. O que vocês podem fazer por mim?" Percebo a oportunidade e me aprofundo nela. Sinais! Imediatamente aciono a Sony Music EUA, obtenho os direitos para a utilização publicitária da música e relanço o CD (de 1982, portanto de dez anos atrás) com o selo "contém a música do comercial da Sadia, 'Perhaps Love'". Moto-contínuo, deflagramos um intenso trabalho de rádio buscando a execução da música, iniciamos uma série de reuniões com grandes clientes apresentando o *case* e realizando vendas, e finalmente lançamos uma agressiva campanha publicitária do CD. Tudo isso em 45 dias. Oportunidade, planejamento, velocidade e...

Resultado: vendemos meio milhão de cópias. No lançamento original (1982), somente 25 mil cópias. Mais uma vez: percepção, visão esférica e reinvenção. Acreditem, é assim.

Em 1994, sou promovido a diretor de marketing e vendas da companhia. Tenho 28 anos, menos de cinco anos de empresa, e assumo um posto que me coloca entre os quatro principais executivos da Sony Music Brasil. Passam a se reportar a mim cerca de oitenta pessoas. Eu me transporto para um seleto grupo de pessoas (algo em torno de trinta executivos das seis grandes gravadoras) que comandam a maioria esmagadora da indústria da música no Brasil. Parte importante dos grandes artistas brasileiros e internacionais faz parte do *casting* da Sony. Como diretor de marketing e vendas, minha relação com eles se estreita.

Passo a comandar, além das gerências de produto e marketing especial, as gerências de rádio, imprensa e TV. E também toda a gerência de vendas.

Um universo ainda mais amplo. Mais esférico.

Tenho consciência e, portanto, orgulho de hoje perceber que meu perfil político e negociador facilitou e de alguma forma ampliou o entrosamento da gravadora com alguns artistas. Visão esférica na forma e no conteúdo quanto aos relacionamentos que estabelecia naquele momento, não só com os artistas, mas também com os empresários, os executivos de mídia, grandes varejistas, executivos internacionais da Sony entre tantos outros — e que escola.

E aí uma observação: infelizmente a maioria das pessoas

negligencia o outro e age sem prestar atenção no interlocutor. Seja na vida profissional, seja na pessoal. Do meu lado, procuro compreender as peculiaridades de cada um para de alguma maneira estabelecer a melhor ponte de comunicação. Sempre. Certamente não aprendi na escola, que, aliás, entre tantas coisas, deveria ensinar pontos como esse. Aprendi acreditando na minha intuição, dando asas à minha emoção. Um interesse natural, mas ao mesmo tempo trabalhado (sim, podemos trabalhar isso) de perceber qual é a dinâmica da pessoa que está interagindo comigo. Compreender e sentir a energia, para a partir daí compartilhar e construir.

> Infelizmente a maioria das pessoas negligencia o outro e age sem prestar atenção no interlocutor. Seja na vida profissional seja na pessoal. Do meu lado, procuro compreender as peculiaridades de cada um para de alguma maneira, estabelecer a melhor ponte de comunicação. Sempre.

Sem nenhuma dúvida a Sony foi parte fundamental dessa "escola", na qual pude me exercitar à máxima potência.

Fernando Furtado, empresário do Skank, banda que estourou no início dos 1990, lembra-se de como as coisas aconteciam na minha gestão:

❝ O Skank e o Calainho coexistiram dentro da Sony muito tranquilamente. Ele é um cara elétrico, sedutor e empreendedor ao extremo. Olha para tudo como possibilidade de negócio. A lembrança maior que tenho dele, acho, é de conversarmos sempre gargalhando, divertindo. Não digo que o Calainho tenha tomado decisões que favoreceram ou alteraram a carreira do Skank. A relação dele com a banda foi de parceiro. Parceiro que nunca mais encontramos na indústria do entretenimento. O Skank é professor em skanquismo. O jeito de funcionar da banda é muito próprio. O principal na relação com o Calainho foi isso: ele foi para nós um catalisador. Na hora que as pessoas começavam a desanimar ou se cansar de uma ideia, o Calainho era o primeiro a comprar a ideia e dizer: 'Vai dar certo.' Teve momentos dentro da história do Skank na Sony que esse espírito dele foi muito importante. Tenho alguns casos emblemáticos. No lançamento de 'Garota Nacional', por exemplo: estava acontecendo uma feira de música no Rio. Era o auge do CD. Calainho acreditou na música e a 'lincou' a todos os estandes de rádio da Sony dentro da feira. 'Garota Nacional' tocou absurdamente durante o evento. A vendagem foi inacreditável. Acho que vendemos coisa de 150 mil CDs só nessa feira. Isso é Calainho puro. Outro episódio marcante: resolvemos fazer o clipe da música 'Partida de Futebol' com super-produção, até hoje o videoclipe mais caro da história do Skank, cerca de US$130 mil. Calainho abraçou o projeto e a Sony bancou. Calainho é assim: naquele ponto em que qualquer ser humano cansa, entrega os pontos, ele segue ligadão, fazendo de tudo para viabilizar. Foi muito prazeroso conviver com o Calainho. Tenho um certo saudosismo dessa época. Tem dias que digo para mim mesmo: 'Porra, cadê o Calainho?' A indústria fonográfica está falida e as pessoas não têm energia para fortalecer a história. Só um Calainho para reverter o processo. E o melhor de tudo é que o Calainho trabalha rindo. Um otimista maluco. **"**

A dinâmica de uma gravadora é bastante peculiar, curiosa e interessante. Posso garantir: boa parte de tudo o que se ouvia de música naquela época foi estrategicamente planejado para você gostar.

Como funciona? Com o CD gravado, o presidente da companhia, os diretores de marketing e A&R (diretores responsáveis pelos repertórios e gravação), os gerentes das áreas e às vezes o próprio artista, todos se reuniam na chamada sala de música. E ali, entre uma bebida e outra, num clima absolutamente relaxado (às vezes nem tanto), ouve-se o disco à exaustão. Roberto Augusto era um mestre em fazer com que todos se apaixonassem pelo produto. Lembra que falei da importância de emocionar? Pois é. Na hora que o gerente de televisão, por exemplo, vai negociar para que um artista se apresente no Faustão, se ele estiver imbuído/emocionado, venderá de um jeito. Se não estiver, vai vender de outro. Daí a fundamentabilidade do processo de nos apaixonarmos primeiro pelo disco antes de lançá-lo na rua.

> Como de fato vendermos seja o que for, se não estivermos apaixonados, enamorados? Todo e qualquer processo de venda em altíssimo padrão tem de necessariamente passar por paixão, se não o processo é meramente burocrático.

Como de fato vendermos seja o que for, senão estivermos apaixonados, enamorados? Todo e qualquer processo de venda em altíssimo padrão tem de necessariamente passar por paixão, se não o processo é meramente burocrático. E aí nos encontramos novamente com a verdade de cada um de nós. Como nos apaixonarmos por algo que não é a nossa verdade? Portanto, venda, resultado e sucesso são intrinsecamente produtos da verdade pessoal de cada um. A fundo. De alma. Vale para os negócios e para a vida.

De volta ao processo; um disco em média estava todo gravado de três a quatro meses antes do lançamento. A dinâmica perfeita de marketing era: sessenta dias antes, executar a música de trabalho (chamada *single*), aquela que vai abrir o processo de venda do disco, nas rádios. As pessoas começam a curtir e o disco ainda não estava nas lojas. Nesse meio-tempo, lança-se o videoclipe (do *single*), para acelerar ainda mais a execução daquela música. Uma semana antes do disco, enfim, ganhar as prateleiras, começa o trabalho na imprensa, incluindo televisão. No sábado, a banda toca a música nova (aquela que a gente já curte por ter ouvido nas rádios) no Caldeirão. No domingo, uma matéria no caderno de cultura de algum jornal. Na segunda, o CD acaba de chegar às gôndolas.

A partir daí, buscando ampliar ainda mais a venda do produto, outros *singles* vão sendo trabalhados sucessivamente, a depender do tempo de duração do sucesso de cada canção nas rádios. Resumidamente, quanto maior o número de *singles* trabalhados e estourados de um mesmo álbum, maior será a venda dele. O exemplo mais emblemático dessa dinâmica é "Thriller", de Michael Jackson, um álbum que teve *todas* as canções estouradas. Resultado: o mais vendido em toda a história da indústria da música mundial.

De alguma forma esse modelo da indústria fonográfica pode também ser aplicado à nossa vida profissional e pessoal. Um modelo que privilegia a perseverança, a busca criativa por novos caminhos, o espírito de acreditar que sempre é possível buscar algo mais, uma nova música, um novo hit, seja em forma de canção ou em forma de um novo produto, e, acima de tudo, um hit que determine a nossa felicidade, que podemos e devemos, a cada dia, promover em nossa existência.

Voltando à minha história na companhia; sigo minha carreira na gravadora, até que em 1997 sou promovido a vice-presidente do selo Epic/Sony Music. Passo a ter sob meu comando não só as áreas de marketing e vendas, mas também a área artística. Isso, claro, sob o comando do presidente da empresa, Roberto Augusto.

Muitas convenções (nacionais e internacionais), novos artistas, novos álbuns, novos desafios, enfim, um manancial tsunâmico de experiências, aprendizados e, acima de tudo, busca visceral por inovação e criação.

Hoje posso dizer que foi um imenso privilégio ter a chance de trabalhar em uma companhia com as características da Sony, e em especial sob a liderança de uma figura chamada Roberto Augusto. Contramão, sutilezas e detalhes eram palavras de ordem. Apostamos em Chico Science, no *manguebeat*, em um artista absolutamente à frente do seu tempo. Ao mesmo tempo, amplificamos a chamada *"Axé Music"* (na época) para todo país graças a Daniela Mercury. Um segmento que até então estava confinado na Bahia. Lembro-me das discussões: "Tem um negócio aqui que tem uma levada, um espírito que pode fazer sentido para o Brasil. Vamos pegar isso e usar a máquina da Sony para espalhar para o país inteiro." E foi isso: Daniela se transformou (acima de tudo por seu talento) em um estouro nacional com "O canto da cidade". E entre tantos desafios e sucessos, para citar apenas mais um exemplo, também a disseminação em termos nacionais do rap passou pela Sony pelo Planet Hemp.

> Maiores riscos, maiores desafios, maiores resultados.

De alguma maneira eu tinha que estar ali porque fazia isso fazer sentido. A filosofia da gravadora — e de seu principal executivo — encaixava-se perfeitamente na minha filosofia: quando você pega a contramão é a hora que você tem chance de obter grandes resultados, imensos sucessos. Maiores riscos, maiores desafios, maiores resultados. Claro que quando você desconstrói, quando você provoca, quando você busca o novo caminho, tem de estar preparado para dar de cara na parede, mas, ao mesmo tempo, também preparado para criar, realizar, transformar. Foi pensando exatamente assim que entrei e saí da Sony para me lançar na vida, de cabeça nos meus desejos e sonhos e em tudo aquilo em que acreditava. Entendendo claramente a magnitude de acima de tudo respeitar minha verdade, minha intuição, minha alma. E assim — com um caminho ainda em plena (que bom!) construção — me tornar quem sou hoje: um empresário que faz girar em torno de si um faturamento de R$120 milhões, comanda 12 negócios distintos mas sinérgicos entre si e tem 32 sócios, mas que, a despeito de qualquer cifra, crê com absoluta convicção que luz, serenidade e amor são nossa maior riqueza.

Afinal, tempo não é dinheiro, é arte. Arte de compartilhar. Arte de criar. Arte de doar. Arte de cantar. Arte de encantar. Arte de reinventar. Arte de amar. Sempre.

NEGÓCIOS
MULTIPLATAFORMA
L21

NEGÓCIOS

CAPÍTULO 11

NEGÓCIOS

L21 participações

ENCONTROS

ENCONTROS

CAPÍTULO**12**

Com Aniela Jordan e Fernando Campos, meus sócios na Aventura Entretenimento.

Em Copacabana, no início do anos 1970 com minhas irmãs Gabriela e Daniela.

Alexandre Accioly, Elisangela Valadares, Adriana Rattes e Brenda Valansi no lançamento da ArtRio.

Em uma reunião
da ArtRio.

No portal Vírgula.

Com Monarco e Nelson Sargento no lançamento do Sambabook João Nogueira.

Com Roberto Carlos comemorando 1 milhão de cópias.

Com Aniela Jordan e Roberto Medina no lançamento do *Rock in Rio, o musical*.

Na convenção de marketing e vendas da Dial Brasil.

Com Rodrigo Vieira e Shakira comemorando 1 milhão de cópias.

No programa da Hebe.

Com os sócios da Musickeria Flávio Pinheiro, Sergio Baeta e Afonso Carvalho.

Entrevistando o
prefeito Eduardo Paes
na SulAmérica Paradiso.

Apresentando a ArtRio
para a imprensa.

No lançamento da SulAmérica
Paradiso com Patrick Larragoiti.

Assinando contrato com Martinho da Vila na Musickeria.

Miele, Totia Meireles, Aniela Jordan e Zé Mayer na estreia do *Mágico de Oz*.

Com Washington Olivetto, Walter Fontana Filho (presidente da Sadia) e Roberto Augusto comemorando o sucesso da campanha "A vida com amor é mais Sadia".

Com Daniela Mercury comemorando 1 milhão de cópias do *O canto da cidade*.

Com Miguel Plopschi,
Martinho da Vila
e Pinduca.

Com o presidente
Fernando Henrique Cardoso
e dona Ruth Cardoso em um
jantar no Palácio do Planalto.

Vik Muniz e Alexandre Accioly na ArtRio.

Com Jennifer Lopez e Paulo Rosas.

Com Ozzy Osbourne e executivos da Sony Music no Metropolitan.

Roberto Verta, Mariah Carey e Roberto Augusto em Nova York.

Alexandre Accioly, Elisangela Valadares, Jorge Nasser (diretor de marketing do Bradesco) e Brenda Valansi no lançamento do Movimento ArtRio.

Com Eduardo Saron (diretor do Itaú Cultural) e Diogo Nogueira.

Executivos da Sony Music com o Oasis.

Com Gloria Estefan e Emilio Estefan no escritório da Sony Music Brasil.

Cidade Negra na Sony Music.

Executivos da Sony Music com Michael Jackson em sua turnê no Brasil.

Disco de Ouro
com o Jota Quest.

Sergio Baeta, José Eduardo de Barros Dutra (diretor da Petrobras) e
Afonso Carvalho no lançamento do Sambabook João Nogueira.

Com Djavan no Canecão.

Manuel Poladian, Rodrigo Vieira, Celine Dion e Fernando Costa em convenção da Sony Music no Canadá.

Roberto Menescal, Sergio Baeta, Andy Summers e Luiz Paulo comemorando o lançamento do DVD *United Kingdom of Ipanema*.

EDITORA RESPONSÁVEL
Cristiane Costa

PRODUÇÃO
Adriana Torres
Ana Carla Sousa
Thalita Ramalho

PRODUÇÃO EDITORIAL
Victor Almeida

PREPARAÇÃO DE ORIGINAIS
Karla Monteiro

PREPARAÇÃO DE TEXTO
Thiago Braz

REVISÃO
Fred Hartje

FOTOGRAFIA DA CAPA
Tomas Rangel

CAPA E DIAGRAMAÇÃO
Luciano Cian

Este livro foi impresso no Rio de Janeiro, em maio de 2013,
pela Edigráfica, para a Agir. O papel do miolo é avena 80g/m²,
e o da capa é cartão 250g/m².

Twitter twitter.com/calainho
Facebook facebook.com/Reinventandoasimesmo
YouTube youtube.com/reinventandoasimesmo